CROSSWORD
Puzzles Book

Start by Filling in the Answers for the Clues You Are Familiar With. Search for Hints About Which You Are Certain. This Might Assist You Go on with the Problem by Providing You with Some Beginning Letters to Work With.

Use the Letters That Cross Over Other Words: the Letters That Cross Over Other Words Might Provide Hints to Aid in the Decoding of the Other Words. Try to Fill in the Words That Cross Over with These Letters by Making Use of Them.

THIS BOOK BELONGS TO:

_____

Crossword Puzzle 1

6. Assist
7. Cow flesh
8. Gawker
9. Aquiline nose
10. Sea eagle
11. Property title
16. Clumps of grass
20. Umbilicus
22. Lambs
24. Bullfight call
25. Examine thoroughly
26. Make ethical
28. Operations (colloq)
29. Obese
32. Stopping
35. Habituates
37. Show reluctance
40. As well as
41. First son of Adam and Eve
42. 12th month of the Jewish calendar
44. In a line
45. Basic monetary unit of Ghana
46. Paradise
49. An age

ACROSS
1. South African river
5. Taxi
8. Outbuilding
12. To the sheltered side
13. Hasten
14. Ripped
15. Midday
17. First class (1-3)
18. Parody
19. Having forklike branches
21. Glimpse
23. Soldiers
24. Superintend
27. Validation
30. Allow
31. Mountain spinach
33. Mineral spring
34. Moral code

36. Closest
38. Writing fluid
39. Bargain event
40. Make an accusation
43. Comfort
47. Den
48. Idle
50. Bulk
51. Vase
52. Cipher
53. Single items
54. A delay
55. One of two identical people

DOWN
1. Delivery vehicles
2. Agave
3. Great age
4. Person giving loan
5. Jaunty

Crossword Puzzle 2

1	2	3	4		5	6	7		8	9	10	11
12					13				14			
15				16					17			
18						19	20					
		21			22		23					
24	25	26					27			28	29	
30			31			32			33			
34			35		36			37				
		38			39							
40	41			42		43			44	45	46	
47			48	49				50				
50			51				52				
53			54				55				

ACROSS

1. Kitchen utensils
5. Sesame plant
8. Related
12. Confess
13. Court
14. Staple Oriental grain
15. Resonating with sound
17. Make beer
18. Sleeping noises
19. Self-important person
21. Let fall
23. Chafe
24. Types of Chinese food (3.4)
27. Inhabitant of Iraq
30. Fuss
31. Marine mammals
33. Spread out for drying
34. Shy from
36. Side which is turned away from the wind
38. Born
39. Debatable
40. Groups of eight
43. Nurtures
47. Back
48. Annoyance
50. Ireland
51. Tavern
52. Staunch
53. Male offspring
54. Pastry item
55. Sewing case

DOWN

1. Succeed in examination
2. Shakespeare's river
3. Something not to be done (2-2)
4. Rapiers
5. Couple
6. Acknowledgement of debt
7. Be defeated
8. Bower
9. Pacific islands republic. (Cap. Bairiki)
10. Frozen confections
11. Eft
16. Again endangered
20. Gray
22. Hymn
24. Skilled
25. Highest mountain in Crete
26. Large hill
28. Which was to be proved
29. Carp-like fish
32. Lionlike
35. Finds out
37. Rake with machine-gun fire
40. Crude minerals
41. King mackerel
42. Pare
44. Fit of rage
45. Colour of unbleached linen
46. Prefix, part
49. Prefix, one

Crossword Puzzle 3

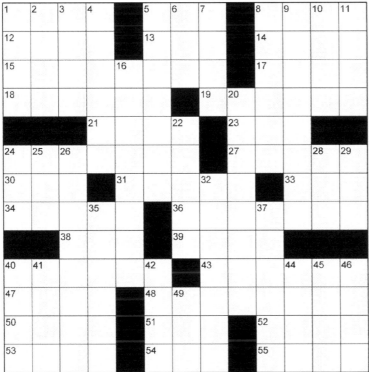

ACROSS

1. Floating vegetable matter
5. Fish part
8. Distant
12. Potpourri
13. Fish eggs
14. Prefix, distant
15. Excessively smug
17. Among
18. Songs of praise
19. Arab
21. Fence opening
23. Grandmother
24. Shameless woman
27. Drags logs
30. Avail of
31. Decorate
33. Large body of water
34. Begin
36. Spectre
38. Sheltered side
39. Ireland
40. Berates
43. Fanatic
47. Upper respiratory tract infection
48. Premonitory symptom
50. Wax
51. Electrical resistance unit
52. Machine-gun
53. Unlocking implements
54. Pedal digit
55. Desires

DOWN

1. Broth
2. Arm bone
3. Cube
4. Senility
5. Covered with frost
6. Acknowledgement of debt
7. Scottish headland
8. Cossack chief
9. Advocate of feminism
10. Got down from mount
11. Advise
16. With undiminished force
20. Entrapped
22. Run off
24. Legal right
25. Superlative suffix
26. Fanaticism
28. Prefix, the earth
29. Uncle -, USA personified
32. Underground stem
35. Depends
37. Close at hand
40. Draw by suction
41. American Indian
42. Dot
44. Tradition
45. Portent
46. Decades
49. 17th letter of the Greek alphabet

Crossword Puzzle 4

1	2	3	4		5	6	7		8	9	10	11
12					13				14			
15				16				17				
18						19	20					
		21			22		23					
24	25	26					27			28	29	
30			31		32			33				
34			35		36		37					
		38			39							
40	41			42		43			44	45	46	
47				48	49							
50				51				52				
53				54				55				

ACROSS
1. Uterus
5. Scottish hill
8. Candid
12. Having wings
13. Island (France)
14. A hint
15. Aversion
17. Polynesian root food
18. Young cows
19. Silent movies star, Buster -
21. Reverberate
23. Black bird
24. Short animated movie
27. Belief
30. Exclamation of surprise
31. Useful
33. Small truck
34. Lively dance
36. Rower
38. Falsehood
39. Wool fibre
40. Berates
43. Infusion sachet
47. Son of Jacob and Leah
48. Having original purity
50. Capital of Yemen
51. Handwoven Scandinavian rug
52. Ireland
53. South African mountain
54. Japanese currency
55. Apportion

DOWN
1. Member of the women's army auxiliary corps
2. Earthen pot
3. Shopping centre
4. Military commission
5. Honcho
6. Biblical high priest
7. Isthmus
8. Petrol rating
9. Metallic element
10. Wallaroo
11. Lighting gas
16. Retrieved
20. Cafeterias
22. Bulb vegetable
24. Gear wheel
25. Exclamation of surprise
26. Form of superannuation investment that allows deferral of lump sum tax
28. Greek letter
29. Decade
32. Laos citizen
35. Lubricating
37. Reprimanded
40. Thick slice
41. Yield
42. Agile
44. Pen
45. Indigo
46. Hereditary factor
49. Cereal

Crossword Puzzle 5

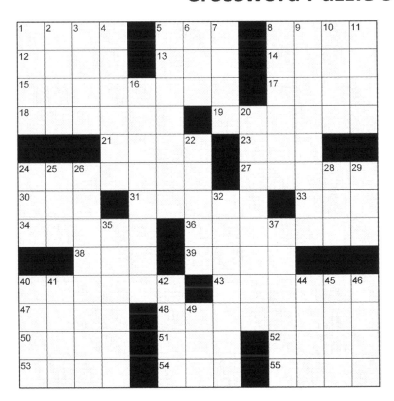

ACROSS

1. Crescent-shaped figure
5. Spanish hero
8. Wanes
12. A particular
13. Bullfight call
14. Narcotics agent
15. Goodbye
17. At sea
18. Chest
19. Waning
21. Network
23. Everything
24. Multiform
27. Rule
30. Revised form of Esperanto
31. Leaning
33. Prompt
34. Eucharist plate
36. Shaped like a hood
38. High-pitched
39. Russian no
40. Types of eels
43. Engraver
47. Wrongfully assist
48. Ancient city-state in N Africa
50. Be defeated
51. Poem
52. Dash
53. Minus
54. Fox
55. Extinct bird

DOWN

1. Raise
2. American state
3. Fiddling Roman emperor
4. Come to light
5. Exist simultaneously
6. Sick
7. Delete (Printing)
8. Make possible
9. Medieval church
10. Machine-gun
11. Heroin
16. Guarantee
20. Variety of pear
22. Condescend
24. Briefly immerse in water
25. Highest mountain in Crete
26. Woman who is a votary
28. Remove intestines from fish
29. Born
32. Laminated
35. Overjoys
37. Engraved with acid
40. Shopping centre
41. Hautboy
42. Gael
44. Nimbus
45. Minor oath
46. U.S. divorce city
49. Fuss

Crossword Puzzle 6

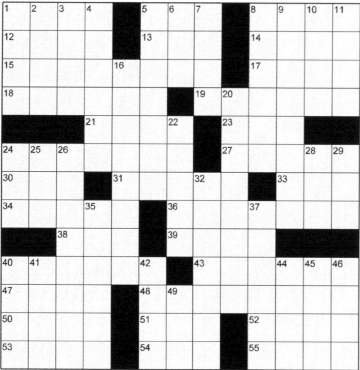

ACROSS

1. Glide on surface
5. Bleat
8. Indian pulses
12. Heart
13. Prefix, one
14. Death rattle
15. Cattle slaughterhouse
17. Beats by tennis service
18. Consisting of nine
19. Australian ape-men
21. Heavy metal
23. Hive insect
24. Countryman
27. Dispatches
30. Grain beard
31. European ermine
33. Scottish river
34. First prime minister of India
36. Capital of Swaziland
38. Otic organ
39. Stable attendant
40. Arranged in a row
43. Writing tablets
47. Is indebted
48. Curative
50. Sand dune
51. An age
52. Mother of Apollo
53. Non-scientific studies
54. Conger
55. Former

DOWN

1. Peruse
2. Monetary unit of Nigeria
3. Republic in SW Asia
4. Ores
5. Floating
6. Black bird
7. Well ventilated
8. Bank on whom a cheque is drawn
9. Large landed estate
10. To the sheltered side
11. Minus
16. Cherish
20. Something that obstructs
22. Ill-fates
24. Kitchen utensil
25. Reverential fear
26. Innate
28. Lair
29. Witness
32. Like an abyss
35. Lifts
37. Parish officer
40. Alkali
41. Pitcher
42. Endure
44. Row
45. Food
46. Narrow opening
49. Before

Crossword Puzzle 7

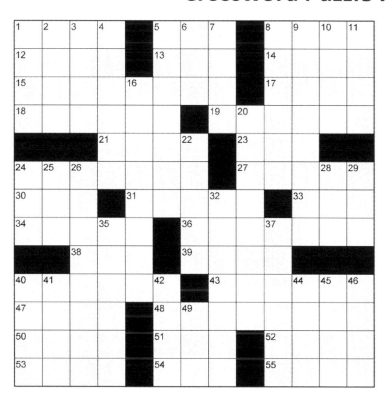

ACROSS
1. Hit hard
5. White lie
8. Hock
12. The villain in Othello
13. Room within a harem
14. Off-Broadway theater award
15. Pertaining to seamen and ships
17. Small island
18. Large bodies of water
19. Cleaning implement
21. Rhythmic swing
23. And not
24. Nervous excitement
27. Not suitable
30. Conger
31. Son of Abraham
33. Greek letter
34. Witchcraft
36. Puzzling
38. Former measure of length
39. Every
40. Songbird
43. Knives
47. Quantity of paper
48. Convert into steel
50. Food
51. Exclamation of surprise
52. Prefix, eight
53. Three (Cards)
54. Information
55. Prophet

DOWN
1. Prefix, Chinese
2. Member of the women's army auxiliary corps
3. Fever
4. Sums
5. Sailors' forward cabins
6. Highest mountain in Crete
7. Hairless
8. Venom
9. Theoretical
10. Ruse
11. Never
16. First letters of name
20. Vehicle with one wheel
22. Vestige
24. Not many
25. Garland
26. Become ulcerous
28. Greek letter
29. Facial twitch
32. Of the Arabs
35. Lacking skill
37. Its lighthouse is one of the Seven Wonders
40. Weight allowance
41. Perceive sound
42. Dutch name of The Hague
44. Fresh-water fish
45. Suffix, diminutive
46. Scorch
49. - Guevara

Crossword Puzzle 8

1	2	3	4		5	6	7		8	9	10	11
12					13				14			
15				16					17			
18						19	20					
			21		22		23					
24	25	26					27			28	29	
30				31		32			33			
34			35		36			37				
		38			39							
40	41			42		43			44	45	46	
47				48	49							
50				51				52				
53				54				55				

ACROSS

1. Clan
5. Conger
8. Among
12. Agave
13. Cattle low
14. Circular course
15. Rubescent
17. A Great Lake
18. Prefix, time before
19. Transvestism
21. Periods of history
23. Highest mountain in Crete
24. To produce milk
27. Backs of necks
30. Lubricant
31. Lawful
33. Bullfight call
34. Tendency
36. Wandering
38. Fish eggs
39. Single items
40. Tending to skid
43. Place in position
47. Crazy
48. Wind coming from the east
50. Woe is me
51. Mature
52. Close to
53. Tree trunk
54. Distress signal
55. Wheel cover

DOWN

1. Fool
2. Australian super-model
3. Commonsense
4. Group of six
5. State of an emir
6. An age
7. Booth
8. Items of business
9. Arthropod having numerous legs
10. Eye part
11. Consider
16. Proclaimed
20. Salve
22. Music, sign
24. Auction item
25. Atmosphere
26. Pertaining to an office
28. Biblical high priest
29. Dry (wine)
32. Changes into ions
35. Having nodes
37. Agree
40. Thick slice
41. Serbian folk dance
42. Shouts of agreement
44. Three (Cards)
45. Having wings
46. Harp-like instrument
49. In the past

Crossword Puzzle 9

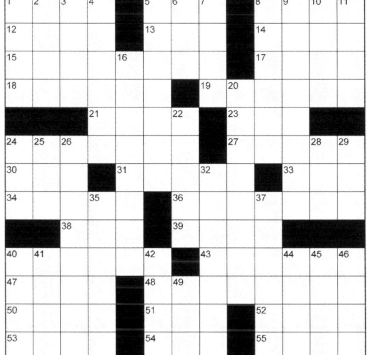

4. Glazed finish
5. Coupling
6. An age
7. Direct one's way
8. It's capital is Riga
9. Maddening
10. Submachine gun
11. States
16. Stayed
20. Not able to move
22. Re-haul
24. Intention
25. Revised form of Esperanto
26. Redirected
28. Sixth scale note
29. Become firm
32. Become opaque
35. Hateful
37. Habituated
40. Valley
41. Wreck
42. First king of Israel
44. Hindu lawgiver
45. Post
46. Evergreen trees
49. - Guevara

ACROSS
1. Bulk
5. Church bench
8. Minus
12. City in NW France
13. Land measure
14. Rectangular pier
15. Agricultural
17. Three (Cards)
18. Boarder
19. Sofas
21. Islamic chieftain
23. Russian plane
24. Skyway
27. Posts a letter
30. Carp-like fish
31. Eskimo dwelling
33. Not
34. Idiot

36. Tense
38. Poem
39. Achieve
40. Celtic priests
43. Lacking skill
47. Motor car
48. Convert into steel
50. Stead
51. Television frequency
52. Enough
53. Finishes
54. Arable land temporarily sown with grass
55. Names

DOWN
1. Old injury mark
2. The villain in Othello
3. Nil

Crossword Puzzle 10

1	2	3	4		5	6	7		8	9	10	11
12					13				14			
15				16					17			
18						19	20					
		21			22		23					
24	25	26					27			28	29	
30				31		32			33			
34			35		36			37				
	38				39							
40	41			42		43			44	45	46	
47				48	49							
50				51				52				
53				54				55				

ACROSS

1. Side
5. Jeer
8. Surfboard fin
12. Assistant
13. Sum
14. Roofing slate
15. Scalloped on the margin
17. Republic in SW Asia
18. Becomes taut
19. Prostrate
21. 3 Weapons
23. Beak
24. Reveal
27. Vice-like tool
30. Prefix, the earth
31. Knot
33. - Maria, coffee liqueur
34. Vacillate
36. Laos citizen
38. An age
39. Serving plate
40. Intensity of hue
43. Scanty
47. Clutched
48. Companion of Daniel
50. To the sheltered side
51. A dynasty in China
52. Door handle
53. Mines
54. Took a seat
55. Suspicious (Colloq)

DOWN

1. Diplomacy
2. Ireland
3. Capital of Yemen
4. Monthly
5. Cricket batter
6. Poem
7. Chances
8. Leaf appendage
9. Pacific islands republic. (Cap. Bairiki)
10. Dash
11. Hereditary factor
16. Airmail letter
20. Not closed
22. Scandinavian poet
24. Expression of disgust
25. Prefix, new
26. Bedspread
28. Actress, - Farrow
29. Kitchen utensil
32. Clothes
35. Wears away
37. Expresses gratitude
40. A bloke
41. Prefix, sun
42. Exclamations of surprise
44. Knee
45. Personalities
46. Steals from
49. Bleat

Crossword Puzzle 11

ACROSS
1. Chief
5. Nocturnal precipitation
8. 6th month of the Jewish calendar
12. Australian super-model
13. Island (France)
14. Motion picture
15. Legendary island
17. Largest continent
18. Algae
19. Slave
21. Reverberate
23. Sicken
24. Fourth part
27. Lazy person
30. Etcetera
31. Cow's milk sac
33. Crude mineral
34. Dissuade
36. Jostled
38. Vase
39. Peruse
40. Red wine
43. Twinkles
47. Mother of Apollo
48. Based on an analogy
50. Vow
51. Fled
52. One of Columbus's ships
53. Fail to hit
54. 9th letter of the Hebrew alphabet
55. Fit of rage

DOWN
1. Intend
2. Singer
3. Woes
4. Tidier
5. Got rid of
6. Biblical high priest
7. The Occident
8. Mite
9. Prohibit
10. Indigo
11. Genuine
16. Piano composition
20. Ball of hair
22. Command
24. Which was to be proved
25. Small truck
26. Incites to action
28. Before
29. Colour
32. Graceful
35. Mistakes
37. Greek theatres
40. Large mollusc
41. Son of Jacob and Leah
42. Pastry item
44. Against
45. Short dress
46. Shoo
49. Not

Crossword Puzzle 12

1	2	3	4		5	6	7		8	9	10	11
12					13				14			
15			16						17			
18						19	20					
		21			22		23					
24	25	26					27			28	29	
30				31		32			33			
34			35		36			37				
		38			39							
40	41			42		43			44	45	46	
47				48	49							
50				51				52				
53				54				55				

ACROSS

1. Scene of first miracle
5. Brown-capped boletus mushroom
8. Type of automatic gear selector (1-3)
12. Submachine gun
13. Kangaroo
14. Robust
15. Female speaker
17. Eager
18. Large snake
19. Applauses
21. Nestling
23. Atmosphere
24. Having cirri
27. Appendages
30. Poem
31. Leave undisturbed (3.2)
33. Exclamation of surprise
34. River in NW Mexico
36. Exigency
38. Raises
39. Unskilled laborer
40. Quickly
43. Semitic language
47. Whip
48. Quidnunc
50. Prefix, eight
51. Superlative suffix
52. Dregs
53. Nuisance
54. Affirmative response
55. Former

DOWN

1. Fowl enclosure
2. Askew
3. Tidy
4. End of stamen
5. Scalloped
6. Greek goddess of the dawn
7. 3 Sit for portrait
8. The Muse of comedy
9. Inhabitant of Bavaria
10. Got down from mount
11. Clarets
16. Supporter of the monarchy
20. Class
22. Organization
24. Bashful
25. Highest mountain in Crete
26. Asks
28. Resinous deposit
29. Timid
32. Bosoms
35. Conclusion
37. Make possible
40. Drop suddenly
41. Sprint contest
42. Heed
44. South African
45. Roman dates
46. Wen
49. Avail of

Crossword Puzzle 13

ACROSS
1. Pal
5. Prefix, foot
8. Single items
12. Candid
13. Kangaroo
14. Death rattle
15. Not a direct hit
17. Church recess
18. Metallic element
19. One of two
21. Dressed
23. Drunkard
24. Bowmanship
27. Mountain spinach
30. Knight's title
31. Binding
33. Monetary unit of Romania
34. Room
36. Neolithic stone implement
38. Hive insect
39. Hereditary factor
40. Toward the inside
43. Repeated from the beginning
47. Speaking platform
48. Railroad depot
50. Gaelic
51. Anger
52. Sea eagle
53. Affirmative votes
54. Each
55. Antarctic explorer

DOWN
1. Prefix, one
2. Primates
3. Side
4. Enhance
5. First in rank
6. Greek goddess of the dawn
7. Measure of medicine
8. Great speaker
9. One of the 12 tribes of Israel
10. Otherwise
11. Prophet
16. Driver of mules
20. Equiangular
22. Expiring
24. Donkey
25. Tear
26. Sideways
28. Prefix, whale
29. Questioning exclamation
32. More indigent
35. Stops
37. Lustful male
40. Notion
41. Never
42. Drop moisture
44. Prefix, air
45. Kitchen utensils
46. Poems
49. Land measure

Crossword Puzzle 14

1	2	3	4		5	6	7		8	9	10	11
12					13				14			
15				16					17			
18						19	20					
			21		22		23					
24	25	26					27			28	29	
30				31		32			33			
34			35		36			37				
		38			39							
40	41			42		43		44	45	46	
47				48	49							
50			51				52				
53			54				55				

ACROSS
1. Never
5. Large body of water
8. Large mollusc
12. Reverberate
13. U-turn (Colloq)
14. Floor covering
15. Agreeable
17. At the apex
18. Peruser
19. Placid
21. Greek god of love
23. Each
24. Sugar
27. Mediterranean country
30. An age
31. Dog calls
33. Golf peg
34. Boredom
36. Eternal
38. Part of a circle
39. Prefix, India
40. Mean-tempered
43. Irritate
47. Against
48. Roman capital of Palestine
50. Sweetheart
51. Sum
52. Back
53. Sea eagles
54. Plaything
55. Desires

DOWN
1. Close to
2. Pinnacle
3. Ostrich-like bird
4. Over there
5. Secretly
6. Conger
7. Affirmative votes
8. Red wine
9. Clerisy
10. Soon
11. Sulk
16. Vigorous exercises
20. Serial instalments
22. Caravansary
24. Witness
25. Vase
26. Inhabitant of Canada
28. Meadow
29. Japanese currency
32. 35th president of the U.S
35. Seventh planet
37. Scrivener
40. Small child
41. Maturing agent
42. Shoo
44. Forest growth
45. Thin
46. Hearing organs
49. Fuss

Crossword Puzzle 15

ACROSS
1. Thick cord
5. Freeze
8. Take off(clothes)
12. Related
13. Put on
14. Egg-shaped
15. Girls collectively
17. Roofing slate
18. Cheerful
19. U-shaped fastener
21. Slender
23. The self
24. Bliss
27. Nidi
30. Alas
31. Freshwater ducks
33. Acknowledgement of debt
34. Boredom
36. Spearlike implement
38. Yoko -
39. King of the beasts
40. Mother or father
43. Quick
47. Hip bones
48. Minor work
50. Drunkards
51. Normal
52. Ku Klux -
53. Absent
54. Optic organ
55. Hardens

DOWN
1. Sturdy wool fiber
2. Migrant farm worker
3. Fishing reel
4. Sign up
5. Worship
6. Dove's call
7. Finishes
8. Senility
9. Lay eggs
10. Autumn
11. Run from
16. Blurred effect
20. Strained relationships
22. Wattle species
24. Female sheep
25. Cheat
26. Spanish miss
28. Pedal digit
29. Prefix, over
32. Free time
35. Restless
37. Light meals
40. Italian city
41. Nautical, below
42. Drink to excess
44. Whimper
45. Plot of ground
46. Desires
49. Wages

Crossword Puzzle 16

1	2	3	4		5	6	7		8	9	10	11
12					13				14			
15			16						17			
18						19	20					
		21		22		23						
24	25	26				27				28	29	
30				31		32			33			
34			35		36			37				
	38				39							
40	41			42		43			44	45	46	
47				48	49							
50				51				52				
53				54				55				

ACROSS

1. Tress
5. Exclamation of pleasure
8. High-pitched tone
12. Agave
13. Reverential fear
14. Australian explorer
15. Lights
17. Chair supports
18. As a substitute
19. Indelible skin painting
21. Uproar
23. Hive insect
24. Pardon
27. Dropsy
30. Black bird
31. Full of holes
33. Small amount
34. Slogan
36. Collided
38. Floor mat
39. Clue
40. Assumed name
43. Slag left after smelting metal
47. Practitioner of yoga
48. Man of royal blood
50. Level
51. Flee
52. Otherwise
53. Carolled
54. Mineral spring
55. Devices for fishing

DOWN

1. Robust
2. Having wings
3. Charged particles
4. Hinder
5. Combat area
6. Possess
7. The Occident
8. Strapped
9. Canine teeth
10. Therefore
11. Mexican currency
16. Cause of a disease
20. Temporary inactivity
22. Educate
24. Eccentric wheel
25. Yoko -
26. Common gas
28. Actress, - West
29. Sum
32. Hindu deity
35. Adjusting a musical instrument
37. Purloined
40. Affirmative votes
41. Exploding star
42. Red planet
44. Anger
45. Current month
46. Matures
49. Sheep

Crossword Puzzle 17

ACROSS

1. As soon as possible
5. Definite article
8. Steps descending to a river
12. Lion's call
13. Bundle of money
14. Car registration (Colloq)
15. Monotonous
17. The maple
18. Rains and snows
19. U.S. State
21. Cosy corner
23. Domesticated animal
24. Devour
27. Satire
30. French, water
31. Belief
33. Actress, - West
34. An instant
36. Curdled milk
38. Distress signal
39. Aspiration
40. Attractiveness
43. Aspect
47. Food fish
48. Storm of freezing rain
50. Killer whale
51. Normal
52. Son of Isaac and Rebekah
53. Ale
54. Printer's measures
55. A fool

DOWN

1. Non-scientific studies
2. Dirt
3. River in central Switzerland
4. Grooms oneself
5. Couple
6. Overact
7. Paradise
8. More serious
9. Great slaughter
10. Old
11. The Pentateuch
16. Sturdiest
20. Tombstone inscriptions
22. Deep bin in which fish are salted
24. Prefix, whale
25. Paddle
26. Annoyance
28. Not
29. Your (Colloq)
32. Couples who run off to marry
35. Puma
37. Vanquished
40. Jelly-like mass
41. Ireland
42. Exclamation of fright
44. Just passable (2-2)
45. Republic in SW Asia
46. Complacent
49. Eccentric wheel

Crossword Puzzle 18

ACROSS
1. Coxae
5. Ethnic telecaster
8. Scheme
12. Potpourri
13. Cattle low
14. Anger
15. Girls collectively
17. Birds
18. Item of footwear
19. Servile
21. Finishes
23. Social insect
24. Listen
27. Destiny
30. Breakfast cereal
31. Wear away
33. Talent
34. Purchaser
36. Regress

38. Pastry item
39. Specific thing indicated
40. Tending to skid
43. Inflammation of the ear
47. Openwork fabric
48. Large terrier
50. Having wings
51. Actor, - Chaney
52. Ireland
53. Units of loudness
54. Abstract being
55. Pip

DOWN
1. Pigs
2. Hip bones
3. Fishing reel
4. Braze

5. Burn without flame
6. Jeer
7. Alkali
8. Enlightenment
9. Trap without injury
10. Smart - , show-off
11. Nidus
16. Longed (for)
20. Phenolic resin
22. Grunt
24. Fireplace ledge
25. French, water
26. Abnormal
28. Missus
29. Dined
32. Polls cattle
35. Downy ducks
37. Stage whispers
40. Thick slice
41. Cabbagelike plant
42. American university
44. Weight allowance
45. Tennis star, - Natase
46. Dispatch
49. Charged particle

Crossword Puzzle 19

ACROSS
1. Adore
5. Underwater craft
8. Faucets
12. Mountain goat
13. America (Abbr)
14. Send out
15. Made tidy
17. Back of neck
18. Stockings
19. Wit
21. Praise
23. Hasten
24. Loss of the sense of smell
27. Caper
30. Lair
31. Marine mammal
33. Also
34. Furnishings
36. Pleasing sound
38. Before
39. Endure
40. Evades
43. Capers
47. Split
48. Mosaic pieces
50. Baking chamber
51. Biblical high priest
52. Travelled on
53. Ugly growth
54. Monetary unit of Burma
55. Unique thing

DOWN
1. Waterfall
2. Heed
3. Calf flesh
4. Lauds
5. Warm weather garment
6. Avail of
7. Past tense of bid
8. Bowling pin
9. Almond-flavored liqueur
10. Small mollusc
11. Printer's mark, keep
16. Captivated
20. Hones
22. Outmoded
24. Sum
25. Born
26. Quick inspection (4-4)
28. Charged particle
29. Bashful
32. Europe and Asia as one
35. The East
37. Heterosexual (Colloq)
40. In a line
41. Exclamation of acclaim
42. Pace
44. Press clothes
45. Juniper
46. Prophet
49. Cathedral city

Crossword Puzzle 20

1	2	3	4		5	6	7		8	9	10	11
12					13				14			
15				16					17			
18						19	20					
			21		22		23					
24	25	26						27			28	29
30				31			32		33			
34			35			36		37				
		38				39						
40	41				42		43			44	45	46
47					48	49						
50				51					52			
53				54					55			

ACROSS

1. Fastener
5. Scottish expression
8. Distant
12. Nobleman
13. Cook in oil
14. An evil
15. Dire
17. Chopped
18. Swirled
19. Sacrificial benches
21. A hint
23. Breakfast cereal
24. Lesser roads
27. New wife
30. Be indebted
31. Children
33. Of us
34. Insect feelers
36. Protracts
38. Exclamation of surprise
39. Monetary unit of Cambodia
40. Brief period of time
43. Type of pumpkin
47. Semite
48. Unseen (Poet.)
50. To
51. Transgress
52. Decorated cake
53. Dregs
54. An explosive
55. Fathers

DOWN

1. Yield
2. Fat
3. Angered
4. European flatfish
5. Not at work
6. French vineyard
7. Tree frog
8. Hindu god's incarnation
9. Obsession
10. The maple
11. Clarets
16. An erasure
20. Marine crustaceans
22. Gravel ridge
24. Saturate
25. Two
26. Move to a new place
28. A failure
29. Bitter vetch
32. Urgent
35. Moon of Mars
37. Venomous snake
40. First king of Israel
41. Sea eagle
42. Fine dry soil
44. Flaky mineral
45. Reward
46. Appends
49. A fool

Crossword Puzzle 21

ACROSS
1. Venomous lizard
5. Farewell
8. Strike breaker
12. European mountain range
13. Captained
14. Story
15. Seeing
17. Parched
18. Derides
19. Wading birds
21. Musical symbol
23. Greeting
24. Bartender
27. Monetary unit of Zaire
30. Before
31. Muscle contraction
33. Even (poet.)
34. Decease
36. Long, vehement speeches
38. Prompt
39. Scent
40. Unwilling
43. Tame
47. Float through air
48. Destined for bad luck (3-5)
50. 12th month of the Jewish calendar
51. Female ruff
52. Hindu mother goddess
53. Delete (Printing)
54. Abstract being
55. Send out

DOWN
1. Firearms
2. Press clothes
3. Overdue
4. Foreigners
5. Scorch
6. Japanese currency
7. Brink
8. Go hungry
9. Heeled over
10. Got down from mount
11. Cots
16. Trousers forks
20. Impervious to gas
22. Muse of poetry
24. Spread out for drying
25. Land measure
26. Free from strife
28. Horse command
29. - and outs, intricacies
32. Centers
35. Shelled, marine reptile
37. Covered passage
40. Overwhelmed
41. Valley
42. Ireland
44. A particular
45. Son of Jacob and Leah
46. Redact
49. Pet form of Leonard

Crossword Puzzle 22

1	2	3	4		5	6	7		8	9	10	11
12					13				14			
15				16					17			
18						19	20					
		21			22		23					
24	25	26					27			28	29	
30				31		32			33			
34			35		36			37				
		38			39							
40	41				42		43		44	45	46	
47				48	49							
50				51			52					
53				54			55					

ACROSS
1. Advance money
5. Fold
8. Old
12. Notion
13. Reverential fear
14. Take by force
15. According
17. American Indian
18. More crimson
19. Gawker
21. Opera solo
23. Fuss
24. Monolith
27. Relabel
30. Each
31. Necessities
33. - Maria, coffee liqueur
34. Assuage
36. Tarries
38. Sister
39. Maturing agent
40. Stylish
43. Rubs out
47. Steals from
48. In view of the fact
50. Capable
51. Normal
52. Father
53. Reward
54. Abstract being
55. Breeding horse

DOWN
1. Fibber
2. Brink
3. Dweeb
4. Skillful
5. Indulge in brash and vulgar exhibitionism
6. Grain beard
7. Clothesline clips
8. Covered passage
9. Throttle
10. Fencing sword
11. Antlered beast
16. Weirdness
20. Large-eyed, Indonesian monkeys
22. Cub leader
24. Operations (colloq)
25. Unit of loudness
26. Able to be rubbed out
28. Atmosphere
29. Vapour
32. Turns down corner of page to mark place (3-4)
35. Osculated
37. Walks heavily
40. Pack fully
41. Ear part
42. Exclamation of fright
44. Fat
45. Colour of unbleached linen
46. Outbuilding
49. Grandmother

Crossword Puzzle 23

ACROSS

1. Osculate
5. Sphere
8. Musical symbol
12. Notion
13. Acknowledgement of debt
14. Always
15. State of being normal
17. "Has - ". Person who once was
18. Twinkles
19. Scorns
21. Marsh plant
23. Fairy
24. Less dirty
27. Adds seasoning
30. Paddle
31. Skilled
33. Nocturnal bird
34. Hand appendage
36. Passageway
between buildings
38. - de mer, seasickness
39. Mend socks
40. Fish-hawk
43. Instructive exercise
47. Welsh emblem
48. Ancient drum of India
50. Tall and thin
51. Charged particle
52. Bull
53. Rectangular pier
54. Fish eggs
55. Female sheep

DOWN

1. Monarch
2. Object of worship
3. Withered
4. Elm fruit
5. Rapeseed or canola seed
6. Fabulous bird
7. Purchases
8. Celestial cloud
9. Flood over banks
10. Adolescent
11. Sea eagles
16. Agreeable
20. Harassed
22. Great fear
24. Infant's bed
25. Sixth scale note
26. Bursting forth
28. Two
29. Wily
32. Sugarcoated almond
35. Monetary unit of Finland
37. Having a handle
40. Earthen pot
41. - Connery
42. Primordial giant in Norse myth
44. Frozen precipitation
45. Monster
46. Temple
49. Kangaroo

Crossword Puzzle 24

1	2	3	4		5	6	7		8	9	10	11
12					13				14			
15				16					17			
18						19	20					
			21		22		23					
24	25	26					27			28	29	
30				31		32			33			
34			35		36			37				
		38				39						
40	41				42		43			44	45	46
47				48	49							
50					51				52			
53					54				55			

ACROSS
1. Nidus
5. Fitting
8. Bogus
12. Vow
13. Large body of water
14. Large almost tailless rodent
15. Pertaining to the zenith
17. Parched
18. Twist inward
19. Scrape
21. Scottish dagger
23. Question
24. Passenger attachment to a motorbike
27. Lines roof
30. Fuss
31. Type of packsack
33. Female ruff
34. French. thank you
36. Pertaining to the Ural Mountains
38. Mothers
39. Savoury Mexican dish
40. Sporting cup
43. Dangerous sea creatures
47. Broth
48. Resident of Athens
50. Church recess
51. Sheltered side
52. Sicilian volcano
53. Marsh plant
54. Finish
55. Harvest

DOWN
1. Follower of Hitler
2. Level
3. Dispatched
4. Electrical rectifier with three electrodes
5. Smokers receptacle
6. Legume
7. Monetary unit of Western Samoa
8. Thin
9. Ceremonial suicide
10. Etching fluid
11. Compelled
16. Tricky
20. Pain in the back
22. Sauerkraut
24. Uncle -, USA personified
25. Carp-like fish
26. Small rodent variety
28. Meadow
29. Monetary unit of Japan
32. Collided
35. Bettered
37. One that loans
40. Russian emperor
41. Thick cord
42. American university
44. Ritual
45. Japanese syllabic script
46. Break suddenly
49. Decade

Crossword Puzzle 25

1	2	3	4		5	6	7		8	9	10	11
12					13				14			
15				16				17				
18						19	20					
		21			22		23					
24	25	26					27			28	29	
30				31		32			33			
34			35		36			37				
		38				39						
40	41				42	43			44	45	46	
47				48	49							
50				51				52				
53				54				55				

ACROSS

1. Venomous lizard
5. Tear
8. Prayer ending
12. Incursion
13. Black bird
14. Valley
15. Disregarding
17. Current month
18. Put on
19. Says
21. Beats by tennis service
23. Dined
24. Socks of any kind
27. Gel
30. Primate
31. Moslem religion
33. Optic organ
34. Outfit
36. Psalmbook
38. An explosive
39. Laughing sound (2.2)
40. Need for a drink
43. Spur
47. Sharpen
48. An amorous glance
50. Work units
51. Legume
52. Minor oath
53. The Orient
54. Former measure of length
55. Demonstration

DOWN

1. Network
2. The villain in Othello
3. Waterfall
4. Title of reverence for God
5. Marauders
6. Tavern
7. Swine
8. Fly an aircraft
9. Short mantle
10. Otherwise
11. Devices for fishing
16. Acknowledgements of payments
20. Mausoleum at Agra
22. Graceful woman
24. Beldam
25. Open
26. Surroundings
28. Soap ingredient
29. Your (Colloq)
32. Not sociable
35. Disquiet
37. Lounged
40. You
41. Israeli round dance
42. Drink to excess
44. Bird prison
45. First man
46. Repeat
49. Conger

Crossword Puzzle 26

1	2	3	4	■	5	6	7	■	8	9	10	11

ACROSS

1. Scheme
5. Secret agent
8. Cabbagelike plant
12. Relax
13. Monetary unit of Vietnam
14. Heed
15. Excluding
17. Ale
18. Tidier
19. On horseback
21. Portable ice-box
23. Aged
24. Lowest lake in world (4.3)
27. Music hall
30. Limb
31. Sea eagles
33. Greek letter
34. Founder of the Mogul Empire
36. Brand of facial tissue
38. Mount - , N.W. Qld. mining town
39. Droops
40. Having a coat
43. Inn
47. Dame - Everage, Humphries' character
48. Teetered again
50. Cult
51. Island (France)
52. American university
53. Forest growth
54. Offer
55. Leg part

DOWN

1. Unskilled laborer
2. Crippled
3. Largest continent
4. Caught in seine
5. Person who evades work
6. Kitchen utensil
7. System of meditation
8. Spirit that haunts houses
9. County in NE Scotland
10. Dregs
11. Australian explorer
16. Mosaic pieces
20. Jail
22. Tugs
24. Skilled
25. An age
26. Mood
28. Small truck
29. Maximum
32. Passed
35. Worldly goods
37. Short stories
40. Girdle
41. River in central Europe
42. Bit
44. Indian nursemaid
45. Delicatessen
46. Capital of Yemen
49. Biblical high priest

Crossword Puzzle 27

ACROSS

1. Town crier's call
5. Conger
8. Egyptian deity
12. Cipher
13. Sunbeam
14. Death rattle
15. Born at the same birth
17. Candid
18. Sacrificial benches
19. Mediterranean vessels
21. Naive person
23. Church bench
24. Feudal vassal
27. Objects of worship
30. Yoko -
31. Hitches
33. - de Janeiro
34. Small inland
tree
36. Not domesticated
38. Automobile
39. Simpleton
40. Trademarks
43. Spirit
47. Phoned
48. Idle
50. Indigo
51. Operations (colloq)
52. A fool
53. Cube
54. Small bird
55. Whirlpool

DOWN

1. Prefix, eight
2. Howl
3. Redact
4. Harem
5. Process of
wearing away
6. Otic organ
7. American wildcat
8. Investigated
9. Parasitic worm
10. Smart - , show-off
11. Female birds
16. Plate armor for the arm
20. Letters
22. Impostor
24. Promise
25. Black bird
26. Pertaining to a volcano
28. Falsehood
29. Soil
32. Writer of aphorisms
35. Move ungracefully
37. Adjust
40. A nail
41. Indian queen
42. Narrow opening
44. Walked
45. Advance money
46. Nervous
49. Prefix, over

Crossword Puzzle 28

1	2	3	4		5	6	7		8	9	10	11
12					13				14			
15				16					17			
18						19	20					
			21		22		23					
24	25	26						27			28	29
30				31			32			33		
34			35			36			37			
		38				39						
40	41				42		43			44	45	46
47				48	49							
50				51				52				
53				54				55				

ACROSS
1. Mountain passes
5. Sheltered side
8. Egyptian deity
12. As previously given
13. Paddle
14. First class (1-3)
15. Counselors
17. Slender
18. Egyptian god
19. Artists' stands
21. Leg joint
23. Sea (French)
24. Ornamental pendants consisting of bunches of loose threads
27. Change to suit
30. Intention
31. Wens
33. - kwon do (Korean martial art)
34. Ayers Rock
36. Forbidding
38. Needlefish
39. Primordial giant in Norse myth
40. Australian TV awards
43. Without nodes
47. Old cloth measures
48. Misdirect
50. To the sheltered side
51. Mythical sea monster
52. Biting insect
53. Fathers
54. Horse command
55. Champion

DOWN
1. Goodbye
2. Chances
3. Son of Jacob and Leah
4. Grins
5. Slackly
6. Otic organ
7. Gaelic
8. Overtook
9. Put up with
10. Indigo
11. Garment edges
16. Form of benefice
20. Collecting
22. Short story
24. Greek letter
25. Sicken
26. Brought in contraband
28. Normal
29. Golf peg
32. Become tumescent
35. Lifts
37. Water receptacle for animals
40. Heavy metal
41. Earthen pot
42. Polluted atmosphere
44. Eat
45. 6th month of the Jewish calendar
46. Mother of Apollo
49. Anger

Crossword Puzzle 29

ACROSS
1. Exuding moisture
5. - Guevara
8. Envelop
12. Off-Broadway theater award
13. Colour
14. U.S. State
15. Broken pottery fragment
17. Russian no
18. Oozes
19. Groups of eight
21. As well as
23. Everything
24. Small vein
27. Existence
30. Former measure of length
31. An anaesthetic
33. Large body of water
34. Pentosan occurring in woody tissue
36. Built
38. Law enforcement agency
39. Assess
40. Scanty
43. Monument
47. Jot
48. Game bird
50. Chopped
51. Of us
52. Send out
53. Compelled
54. Ethnic telecaster
55. Be foolishly fond of

DOWN
1. Expression used when accident happens
2. Ancient Greek coin
3. Tubular pasta in short pieces
4. Sycophant
5. Torch
6. That woman
7. Root of the taro
8. Capsize
9. Supporter of the monarchy
10. Overwhelmed
11. Dabs
16. Grecian
20. Fine sheep leather
22. Else
24. Irk
25. Cathedral city
26. Destined for bad luck (3-5)
28. Born
29. Goad for driving cattle
32. Rubbers
35. Scrape
37. Stopped
40. Thailand
41. Hip
42. Epic poetry
44. Cap of Scottish origin
45. Military detachment
46. Suffix, diminutive
49. Nave

Crossword Puzzle 30

1	2	3	4	■	5	6	7	■	8	9	10	11

ACROSS
1. Shank
5. Pig enclosure
8. Slender
12. Stand
13. Golf peg
14. Bird shelter
15. Mild laxative
17. The maple
18. Smallest
19. Illuminate
21. Proboscis
23. Breakfast cereal
24. Small object of curiosity
27. Suborn
30. Carp-like fish
31. Chronicle
33. Paddle
34. Governor in Mogul India
36. Aneles
38. Sick

39. Seasoning
40. Related
43. Looked piercingly at
47. Ocean fluctuation
48. Salt of an acrylic acid
50. Portent
51. New Zealand bird
52. Press clothes
53. Red planet
54. Small long-haired dog
55. Monetary unit

DOWN
1. Pack fully
2. Mature
3. Consumer
4. Placid
5. Cowboy hat

6. Decade
7. Abominable snowman
8. Having only magnitude
9. Style of speech
10. A particular
11. Lake
16. Capable of being isolated
20. A thick gruel
22. Alcohol burners
24. Garbage can
25. Highest mountain in Crete
26. Perplex
28. Flying mammal
29. Bitter vetch
32. Word formed by transposing letters of another
35. Foreigners
37. Sloping print
40. Small particle
41. Peruvian capital
42. Moist
44. Uncommon
45. English college
46. Dint
49. Dove's call

Crossword Puzzle 31

ACROSS
1. Gear wheels
5. Kangaroo
8. First class (1-3)
12. Spoken
13. Otic organ
14. Skidded
15. Consisting of eight
17. Stable attendant
18. Sampled food
19. Chinese island
21. Greet
23. Briefly immerse in water
24. Executor
27. The cream
30. Charged particle
31. Dropsy
33. Reverential fear
34. Find out
36. Pale gray-green
38. Hive insect
39. Tress
40. Burns with water
43. Fur neckwraps
47. Jot
48. Polyhistor
50. Three (Cards)
51. Beer
52. Italian wine province
53. Finishes
54. Affirmative response
55. Submachine gun

DOWN
1. Diving bird
2. Killer whale
3. Guns (Slang)
4. Slow animals
5. Prepared
6. Paddle
7. Large African antelope
8. Attack
9. Olympic games
10. Pleasing
11. Paradise
16. Made tidy
20. Ideal quality
22. Blood sucker
24. Sesame plant
25. Fish eggs
26. With undiminished force
28. A couple
29. Even (poet.)
32. Childhood disease
35. Passes on
37. Smells
40. Situate
41. Maize
42. Desex female dog
44. Final
45. Suffix, diminutive
46. Leg part
49. Bullfight call

Crossword Puzzle 32

1	2	3	4		5	6	7		8	9	10	11
12					13				14			
15				16					17			
18						19	20					
		21			22		23					
24	25	26				27				28	29	
30				31		32			33			
34			35		36			37				
	38				39							
40	41			42		43			44	45	46	
47				48	49							
50				51				52				
53				54				55				

ACROSS

1. Achieve
5. Distant
8. Twerp
12. Hautboy
13. Biblical high priest
14. Advise
15. Close
17. Small island
18. Closer
19. Suitable for Lent
21. Largest continent
23. Vietnam
24. Affluent
27. Lumps of clay
30. French, good
31. Spry
33. Former coin of France
34. Signet
36. Spearlike implement
38. Avail of
39. Armoured military weapon
40. Tune
43. Leaf appendage
47. Semite
48. Convert into steel
50. Middle Eastern bread
51. Flee
52. Mysterious symbol
53. Prophet
54. Work unit
55. Lath

DOWN

1. Hired thug
2. French clergyman
3. Jot
4. Of nerves
5. Being scared of
6. High-pitched
7. Monetary unit of Cambodia
8. Threefold
9. Westernmost
10. Lazy
11. Adolescent
16. Closed securely again
20. Pregnant
22. Leaning
24. Observation
25. Flax ball
26. Having hoofs
28. Female deer
29. Prefix, over
32. Renting
35. Map line joining equal barometric pressures
37. Whirrs
40. Charts
41. A Great Lake
42. Lively
44. An Apostle
45. Sicilian volcano
46. English court
49. Worthless dog

Crossword Puzzle 33

ACROSS
1. Performs
5. Aged
8. Circular plate
12. Remarkable
13. Witness
14. Towards the centre
15. Physically active
17. Begone
18. Senility
19. To fill with horror
21. Prepare food
23. Conger
24. Blood poisoning
27. Slur over
30. Highest mountain in Crete
31. Serpent
33. Zero
34. Wood joint
36. Claimed
38. Prefix, three
39. Roman dates
40. Decapitate
43. Trust deed
47. Fertiliser
48. County in SW Scotland
50. Skin
51. Sesame plant
52. Paradise
53. Dregs
54. Some
55. The Occident

DOWN
1. Couple
2. Upon
3. Authentic
4. Comfort
5. Bonelike
6. Garland
7. Prefix, ten
8. Scatter
9. Breathing in
10. Short take-off and landing aircraft
11. Chill
16. Abnormal egotism
20. Without equals
22. Language spoken in S China
24. Small bird
25. Poem
26. Yellow, crystalline fungicide
28. Expire
29. Antiquity
32. Aged
35. Mountain nymphs
37. Shun
40. Knot in wool
41. A Great Lake
42. Information
44. Travel on
45. Crude minerals
46. Gone
49. - and Yang

Crossword Puzzle 34

1	2	3	4		5	6	7		8	9	10	11
12					13				14			
15				16				17				
18						19	20					
		21			22		23					
24	25	26					27			28	29	
30				31		32			33			
34			35		36			37				
		38			39							
40	41				42		43		44	45	46	
47				48	49							
50				51				52				
53				54				55				

ACROSS
1. Fresh-water fish
5. Sexless things
8. Periods of history
12. Woe is me
13. Take a seat
14. Repeat
15. Coming from the west
17. Cain's victim
18. Diagram
19. Jewish fraternity
21. Monetary unit of Cambodia
23. Conger
24. Coarsely
27. Summed
30. Affirmative vote
31. Tendon
33. Eggs
34. The true skin
36. Asserted
38. Paddle
39. Snake sound
40. Armor for the knee
43. Milt
47. Against
48. Aniseed liqueur
50. Bristle
51. Legendary emperor of China
52. Solicit
53. - off, began golf game
54. Monetary unit of Japan
55. Fit of rage

DOWN
1. Black birds
2. Smart - , show-off
3. Money
4. Chemical compounds
5. Native of modern Israel
6. Sesame plant
7. Eye inflammation
8. Rubbed out
9. Rebels collectively
10. Capital of Yemen
11. Foot part
16. Agent
20. Box jellyfish (3.5)
22. Hang (a person)
24. Bounder
25. Cereal
26. Meteor
28. First woman
29. Father
32. A slur
35. Frenzied woman
37. Small isles
40. Time gone by
41. Double curve
42. Negative votes
44. English college
45. Sewing case
46. After deductions
49. Not

Crossword Puzzle 35

1	2	3	4		5	6	7		8	9	10	11
12					13				14			
15				16					17			
18						19	20					
			21		22		23					
24	25	26					27			28	29	
30				31		32			33			
34			35		36			37				
		38			39							
40	41			42		43			44	45	46	
47				48	49							
50				51				52				
53				54				55				

ACROSS
1. Bind securely (Nautical)
5. Cot
8. Supplements
12. U.S. State
13. Card game
14. Renown
15. Devilish
17. French policeman
18. Church officials
19. Royal House
21. Overdue
23. Fire remains
24. Chased
27. Stop
30. Avail of
31. Eminent
33. Outfit
34. Coniferous tree
36. Thawing
38. Talent
39. Region
40. Most sensible
43. Of stars
47. Take by force
48. Stare down
50. Old
51. Before
52. Double curve
53. Whale herds
54. Also
55. Kiln for drying hops

DOWN
1. Flute
2. Vex
3. Overwhelmed
4. Juries
5. Scorch
6. Greek goddess of the dawn
7. Notes at scale's ends
8. Gush
9. Desert region in SW Africa
10. Islamic chieftain
11. Cult
16. Board game
20. Not diplomatic
22. Dropsy
24. Monetary unit of Afghanistan
25. America (Abbr)
26. Spoke gratingly again
28. Transgress
29. Ovum
32. Oxygenated
35. Beliefs
37. Indelible skin painting
40. Envelop
41. The villain in Othello
42. New Guinea currency unit
44. Hindu music
45. Greek god of war
46. English court
49. Vase

Crossword Puzzle 36

1	2	3	4	■	5	6	7	■	8	9	10	11
12				■	13			■	14			
15			■	16				■	17			
18					■	19	20					
■		21			22		23			■		
24	25	26					27			28	29	
30			■	31		32			33			
34			35		■	36		37				
■	38			■	39					■		
40	41			42		43			44	45	46	
47			■	48	49							
50			■	51			■	52				
53			■	54			■	55				

ACROSS

1. Delineate
5. Common eucalypt
8. Chances
12. To the sheltered side
13. Avail of
14. Flesh
15. Azure
17. Colour of unbleached linen
18. Devon city
19. Blunted a knife
21. Finishes
23. Legume
24. Sulfuric acid
27. Razor strap
30. Highest mountain in Crete
31. Make law
33. First woman
34. Grieve
36. Cotton fabric
38. Facial twitch
39. A Great Lake
40. Sowed
43. Alloy of copper and zinc
47. Sea eagle
48. Person demanding payment for release of another
50. Maturing agent
51. Prefix, one
52. Nip
53. Lets head fall wearily
54. Ballpoint biro
55. Portico

DOWN

1. Openwork fabric
2. Holly
3. Lake
4. Sexless
5. Recompense
6. America (Abbr)
7. Repair
8. Beaten egg dish
9. Stated
10. Challenge
11. Breeding horse
16. Clemency
20. On an upper floor
22. Assuage
24. Pep
25. Revised form of Esperanto
26. Tightened
28. Eggs
29. Each
32. Inveterate
35. Amending clauses
37. Disbands troops
40. - Connery
41. Therefore
42. Thrash
44. Exclude
45. Mother of Apollo
46. Fertiliser
49. Black bird

Crossword Puzzle 37

1	2	3	4		5	6	7		8	9	10	11
12					13				14			
15				16					17			
18						19	20					
		21			22		23					
24	25	26					27			28	29	
30				31		32			33			
34			35		36			37				
		38			39							
40	41				42		43		44	45	46	
47				48	49							
50					51				52			
53					54				55			

ACROSS
1. Arguments
5. Pressure symbol
8. Valley
12. Republic in SW Asia
13. A dynasty in China
14. Enough
15. Eight-sided figures
17. Foot part
18. Tell on
19. Spins
21. Male swans
23. Freeze
24. Jewish dietary laws
27. Cabs
30. Be indebted
31. Son of Abraham
33. Island (France)
34. A poplar
36. Means of conveyance
38. Unit of loudness
39. Ireland
40. Plundered
43. England
47. - Khayyam
48. Sociable
50. Withered
51. Prefix, before
52. In -, in all
53. Finishes
54. Finish
55. Drag logs

DOWN
1. Uproar
2. Killer whale
3. Power unit
4. Grab
5. Sun personified
6. Japanese word of respect
7. Current month
8. Bladder
9. One who suffers from anorexia
10. Hang droopingly
11. Female sheep
16. Halo
20. Enchantment
22. Staff (Music)
24. Hawaiian acacia
25. Shoemaker's tool
26. Region bordering a seacoast
28. Sick
29. Witness
32. Oxygenated
35. Length measures
37. Gold bars
40. Be defeated
41. Portent
42. Drugs
44. King of the beasts
45. Monetary unit of Peru
46. Eager
49. Vase

Crossword Puzzle 38

1	2	3	4		5	6	7		8	9	10	11
12					13				14			
15				16					17			
18						19	20					
		21			22		23					
24	25	26						27			28	29
30			31			32			33			
34		35			36			37				
		38			39							
40	41				42		43			44	45	46
47				48	49							
50				51				52				
53				54				55				

ACROSS

1. Profound
5. Throw lightly
8. First class (1-3)
12. Iridescent gem
13. Primate
14. Desex female dog
15. Masculinity
17. Withered
18. Chocolate and cream delicacy
19. Grins
21. Naive person
23. Mount - , N.W. Qld. mining town
24. Give sexual feelings to
27. Defame
30. Rocky peak
31. Caravansary
33. Card game
34. Raccoonlike carnivore
36. Closest
38. Decade
39. Painful
40. Holds on tightly
43. Nicotinic acid
47. South-east Asian nation
48. Vitamin B1
50. Adolescent pimples
51. Yes
52. The Orient
53. Untidy state
54. Sea eagle
55. Specks

DOWN

1. Bird of peace
2. Heroic
3. Nobleman
4. Flexible
5. Indulge in brash and vulgar exhibitionism
6. Choose
7. Turkish governors
8. Birthplace of St. Francis
9. Performable
10. Police informer
11. Sight organs
16. Maintaining contact
20. Prickly heat
22. Fronded plants
24. Etcetera
25. Kangaroo
26. Speeches
28. Greek goddess of the dawn
29. Auction item
32. Eternal
35. Becomes taut
37. Bored out
40. Large mollusc
41. Openwork fabric
42. Eye inflammation
44. Goodbye
45. Current month
46. Devices for fishing
49. That woman

Crossword Puzzle 39

1	2	3	4	■	5	6	7	■	8	9	10	11
12				■	13			■	14			
15				16				■	17			
18						19	20					
■		21			22		23				■	
24	25	26					27			28	29	
30			■	31		32			33			
34			35		36			37				
■		38			■	39					■	
40	41			42		43			44	45	46	
47			48	49								
50			51			■	52					
53			54			■	55					

ACROSS
1. Tarpaulin
5. An explosive
8. Cause of scratching
12. Jump in figure skating
13. Letter Z
14. Chaise
15. Petty annoyance
17. Rivulet
18. Monotony
19. Teaching of the Buddha
21. Unconsciousness
23. To date
24. Containing honey
27. Garment tuck
30. Room within a harem
31. Indian or Chinese
33. An age
34. Commenced
36. Enunciate
38. Government broadcaster
39. Former Soviet Union
40. Tests ore for minerals
43. Practitioner of wicca
47. Vanquish
48. Visor to shield the eyes
50. Cook in oven
51. Rocky peak
52. Officiating priest of a mosque
53. Among
54. Commercials
55. Fiddling Roman emperor

DOWN
1. 27th president of the U.S
2. Wheel shaft
3. Marsh plant
4. European flatfish
5. Uproar
6. Seine
7. - off, began golf game
8. Republic in SW Asia
9. Considered an unlucky number
10. Serene
11. Tree frog
16. Power to float
20. Hypnotism
22. Farewell
24. Fireplace ledge
25. Poem
26. Seaport on W Kyushu
28. Part of a circle
29. - kwon do (Korean martial art)
32. Replies
35. Subsided
37. Street arab
40. Swedish pop-group of the '70s
41. A join
42. Bristle
44. Arrived
45. 6th month of the Jewish calendar
46. Verne's submariner
49. 10th letter of the Hebrew alphabet

Crossword Puzzle 40

1	2	3	4		5	6	7		8	9	10	11
12					13				14			
15				16					17			
18							19	20				
			21		22		23					
24	25	26					27				28	29
30				31		32			33			
34			35		36			37				
		38			39							
40	41			42		43			44	45	46	
47				48	49							
50				51				52				
53				54				55				

ACROSS
1. Mound
5. Seed vessel
8. Good-bye (2-2)
12. Region
13. Poem
14. - Khayyam
15. Newborn
17. Gasp
18. Loiter
19. Zest
21. Sicilian volcano
23. Supplement existence
24. Outpace
27. Look attentively
30. Fire remains
31. Indian peasants
33. Prefix, three
34. Plunder again
36. Harmful
38. Revised form of Esperanto
39. Cygnus
40. Armor for the knee
43. Worldly goods
47. Old cloth measures
48. Impervious to air
50. Falsehoods
51. Pedal digit
52. Minor oath
53. The Pentateuch
54. Musical instrument
55. W.A. eucalypt

DOWN
1. Arm extremity
2. Fertiliser
3. Sound of a cat
4. Cater to
5. Strength
6. Room within a harem
7. Delete (Printing)
8. Capital of Kansas
9. Almond-flavored liqueur
10. Sharp taste
11. Ostentatious
16. Acolyte (5.3)
20. Television news report
22. Ages
24. Paddle
25. Avail of
26. Exciting, mystery movie
28. French vineyard
29. Belonging to him
32. Reared above
35. Seaport in the S Ukraine
37. Slovenly
40. Fur
41. Potpourri
42. Western pact
44. Taj Mahal site
45. This thing
46. Suffix, diminutive
49. Acknowledgement of debt

Crossword Puzzle 41

1	2	3	4		5	6	7	8	9	10	11

ACROSS
1. Courts
5. Actor, - Gibson
8. Dash
12. Lazy
13. Atomic mass unit
14. Member of the Conservative Party
15. Recompense for loss
17. At one time
18. Rubbed out
19. Dilemma
21. Crude minerals
23. Island (France)
24. Banner
27. Fathers
30. Anger
31. Russian emperors
33. Open
34. Muse of poetry
36. Pertaining to tetanus
38. Prefix, three
39. Islamic chieftain
40. Fears greatly
43. Wattle tree
47. Arm extremity
48. Clinking
50. Double curve
51. Rum
52. Monetary unit of Peru
53. Marries
54. Donkey
55. Great age

DOWN
1. Sensible
2. Scent
3. Earthen pot
4. Winter or spring
5. Young girls
6. Australian bird
7. Nodule
8. Star (Heraldry)
9. Support on an airplane
10. Curved entrance
11. Russian no
16. Resembling a monster
20. An item of makeup
22. Say
24. Pastry item
25. Go wrong
26. Made tidy
28. Prefix, over
29. Dry (wine)
32. Detains
35. Exchanges
37. Decorative ivy
40. Arab vessel
41. Storm
42. Portico
44. Motion picture
45. Towards the centre
46. Against
49. Egos

Crossword Puzzle 42

1	2	3	4		5	6	7		8	9	10	11
12					13				14			
15				16					17			
18						19	20					
		21			22		23					
24	25	26					27			28	29	
30				31		32			33			
34			35		36			37				
	38				39							
40	41			42		43			44	45	46	
47				48	49							
50				51				52				
53				54				55				

ACROSS
1. Snare
5. Castrated male cat
8. Pith
12. Yours and mine
13. Kangaroo
14. Poker stake
15. Twinkling
17. English college
18. Closed tightly
19. Named
21. Compelled
23. Atmosphere
24. Coarsely
27. Climb
30. Vandal
31. Blood sucker
33. Automobile
34. Boredom
36. Revel noisily
38. Open
39. Pace
40. Indistinct
43. Builds
47. First class (1-3)
48. Plane's propeller
50. Ancient Peruvian
51. Prefix, three
52. Jot
53. Ogle
54. Supplement existence
55. Authentic

DOWN
1. Swimsuits
2. Govern
3. Region
4. Hymns
5. Cooking surface
6. Charged particle
7. A hobgoblin
8. Erse
9. Act on each other
10. Halt
11. Camp shelter
16. More miserly
20. Bank tellers
22. Lookers
24. - Guevara
25. Flee
26. Proclaim
28. New Guinea seaport
29. Go wrong
32. Clique
35. Raise up
37. Coinage
40. Surety
41. Solitary
42. W.A. eucalypt
44. Crocodile (Colloq)
45. 9th letter of the Hebrew alphabet
46. Hit hard
49. Vex

Crossword Puzzle 43

ACROSS
1. Withered
5. Cove
8. Is not
12. Republic in SW Asia
13. Mature
14. Pout
15. Movie cartoon artist
17. Vomit
18. Doctors
19. Rogues
21. Hour
23. Everything
24. Mimic
27. Intended
30. Monad
31. Unbind
33. Colorful form of the common carp
34. Prickly pear
36. Chocolate and cream delicacies
38. Legume
39. Submachine gun
40. Fortified wine
43. Revere
47. The Pentateuch
48. County in SW Scotland
50. Wrongfully assist
51. Garland
52. A Great Lake
53. Portend
54. Etcetera
55. Repair

DOWN
1. Thailand
2. Sea eagle
3. Incursion
4. Hatred
5. Cricket batter
6. In the past
7. Arouse
8. Pierce
9. Lamb dish
10. Use atomic bom on (Colloq)
11. Golf mounds
16. Needle-shaped
20. Anonymous
22. Suffix, diminutives
24. Cheat
25. Yoko -
26. Pelted with missiles
28. And not
29. It is
32. Jaundiced
35. Oxygenate
37. Motet
40. Pierce with knife
41. Tramp
42. American university
44. Ireland
45. Ireland
46. Reward
49. To date

Crossword Puzzle 44

1	2	3	4		5	6	7		8	9	10	11
12					13				14			
15				16					17			
18						19	20					
		21			22		23					
24	25	26					27			28	29	
30				31		32			33			
34			35		36			37				
	38				39							
40	41			42		43			44	45	46	
47				48	49							
50				51				52				
53				54				55				

ACROSS
1. Flightless bird
5. Work unit
8. Cause of scratching
12. Republic in SW Asia
13. Falsehood
14. Item of footwear
15. Twisters
17. Thailand
18. Hay fever reaction
19. Gibes
21. Cheat the system
23. Pet form of Leonard
24. Scottish emblem
27. Greek goddess of peace
30. Owns
31. Eagle's nest
33. Large body of water
34. Huge
36. Keep an eye on
38. Garland
39. Catch
40. Theatrical entertainments
43. Disregard
47. Gown
48. Greek god of the sea
50. Lazy
51. I have
52. Amphibian
53. Root vegetable
54. Vessel or duct
55. Sea eagles

DOWN
1. Packs
2. Press clothes
3. Item of merchandise
4. Darts, bullseyes
5. Aged
6. - de Janeiro
7. Romance tale
8. Distributor
9. Leanest
10. Outer garment
11. Garment edges
16. Excess nitrogen in the blood
20. Legal status of an alien
22. Expressions
24. Definite article
25. A dynasty in China
26. Capable of being isolated
28. Prefix, new
29. Otic organ
32. Changes into ions
35. Bump into again
37. Light fire
40. Bit
41. Travelled on
42. Bludger
44. Scent
45. Brown and white horse
46. Finishes
49. Eggs

Crossword Puzzle 45

1	2	3	4		5	6	7		8	9	10	11
12					13				14			
15				16					17			
18						19	20					
			21		22		23					
24	25	26					27			28	29	
30				31		32			33			
34			35		36			37				
		38			39							
40	41			42		43			44	45	46	
47				48	49							
50				51				52				
53				54				55				

ACROSS
1. Hints
5. Castrated male cat
8. Boss on a shield
12. Drag
13. Card game
14. Duo
15. Unlearned
17. Ostrich-like bird
18. Drunken
19. On board
21. Conceal
23. Paddle
24. Lager
27. Make a speech
30. Bullfight call
31. Light meal
33. Great gladness
34. Cause panic
36. Rapid irregular eye movement
38. Legume
39. Son of Isaac and Rebekah
40. Baby
43. Gave out
47. Narcotics agent
48. Truly
50. Nautical mile
51. Fuss
52. Relax
53. Droops
54. Egos
55. Outbuilding

DOWN
1. Specific thing indicated
2. The villain in Othello
3. Bet
4. Slow animals
5. Make glad
6. Charged particle
7. Goatskin bag for holding wine
8. Turmoil
9. Prince of India
10. Coffin stand
11. Toward the mouth
16. Harness driver
20. Shelves for books
22. Rub out
24. Price on application (Abbr)
25. Sick
26. Game in which one player jumps over another
28. Fox
29. Optic organ
32. Gambling establishments
35. Responds
37. Curses
40. Writing fluids
41. Grandmother
42. Siamese
44. American state
45. Otherwise
46. Changed colour of
49. Rum

Crossword Puzzle 46

1	2	3	4		5	6	7		8	9	10	11
12					13				14			
15				16					17			
18						19	20					
			21		22		23					
24	25	26					27			28	29	
30				31		32			33			
34			35		36			37				
	38				39							
40	41			42		43			44	45	46	
47				48	49							
50				51				52				
53				54				55				

ACROSS
1. Remorse
5. Greek letter
8. Bogus
12. Fertiliser
13. A craze
14. Roof overhang
15. Panicked rush
17. Region
18. Hired killer
19. Afraid
21. Sea eagle
23. Large tree
24. State in the SE United States
27. African antelope
30. Egyptian serpent
31. Wading bird
33. Colour
34. Gush
36. Female goats
38. Sheltered side
39. Portico
40. Outlays
43. Achieve
47. Arm extremity
48. Make blunt
50. At one time
51. Sick
52. Greek goddess of strife
53. Equal
54. Pastry item
55. Pause

DOWN
1. Hasten
2. Upper respiratory tract infection
3. Nipple
4. Carpentry tool
5. Monetary unit of Germany
6. Possessed
7. Notion
8. Abalone (3.3)
9. Ceremonial suicide
10. Vow
11. Honey liquor
16. Whitewashed
20. Comment at the bottom of a page
22. Works for
24. Vapour
25. Extrasensory perception
26. Wealth
28. Hive insect
29. Egos
32. Edible
35. Deliver
37. Cosy chat
40. Store
41. Glass panel
42. Ocean craft
44. River in central Switzerland
45. Inflammation (Suffix)
46. Nidus
49. Biblical high priest

Crossword Puzzle 47

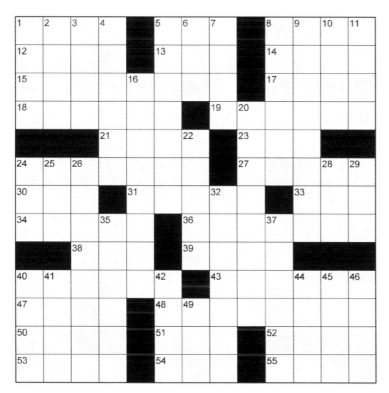

ACROSS
1. Great quantity
5. In favour of
8. Spinning toys
12. Tress
13. Female sheep
14. Region
15. Candidate for ordination
17. Hindu garment
18. Vegetable skinner
19. Use a still
21. Garret
23. Russian community
24. Hothead
27. Greets
30. An age
31. South American beast
33. Kinsman
34. Felt colouring or marking pen
36. Changes into ions
38. Dance step
39. Prevaricated
40. Rifts
43. Moves stealthily
47. Puts down
48. Able to be wetted
50. To the sheltered side
51. Affirmative vote
52. Nipple
53. Blackbird
54. Knowledge
55. Dame - Everage, Humphries' character

DOWN
1. Store
2. Attention
3. Assistant
4. Boring tools
5. Anxious
6. Possess
7. Spawning area of salmon
8. Hobart's state (Colloq)
9. Female speaker
10. Persian fairy
11. Put to sea
16. Tumor
20. Inherent
22. Path
24. - up, excited
25. Crude mineral
26. Person who pays a tax
28. Bind
29. Ethnic telecaster
32. Make moist
35. Ornamental pendant consisting of a bunch of loose threads
37. Think
40. Large mollusc
41. Robust
42. Sealed with a kiss
44. In bed
45. Ku Klux -
46. Bristle
49. Optic organ

Crossword Puzzle 48

1	2	3	4	■	5	6	7	■	8	9	10	11
12				■	13			■	14			
15				16				■	17			
18				■		19	20					
■		21			22		23				■	
24	25	26				■	27			28	29	
30			■	31		32		■	33			
34			35		■	36		37				
■		38			■	39				■		
40	41			■	42		43		44	45	46	
47			■	48	49							
50			■	51			■	52				
53			■	54			■	55				

ACROSS

1. German composer
5. Witness
8. Small child
12. At sea
13. Vase
14. The maple
15. Gave ear
17. U.S. divorce city
18. Rag
19. Small plain cakes
21. A Great Lake
23. Last month
24. Writer of love stories
27. Polyp colony
30. Radiation unit
31. First prime minister of India
33. Mount - , N.W. Qld. mining town
34. Basic monetary unit of Denmark
36. Otalgia
38. Mothers
39. Applies friction to
40. Sleeping sickness fly
43. Metropolises
47. Jot
48. Prolong
50. Paradise
51. French, water
52. Taj Mahal site
53. Blow-pipe missile
54. Printer's measures
55. Frown

DOWN

1. Inhabitant of a Baltic state
2. Largest continent
3. Girdle
4. Seller of hats
5. Morning
6. Before
7. Finishes
8. Dry red wine
9. Having no center
10. Prefix, well
11. Greek god of love
16. Weirdness
20. Gourd
22. An anaesthetic
24. Noah's vessel
25. Spoil
26. Distance measuring instrument
28. Fire remains
29. New Guinea seaport
32. Harsh-sounding (of voice)
35. Floating
37. Of stars
40. Bound
41. Alkali
42. Fencing sword
44. The villain in Othello
45. Colour of unbleached linen
46. Leading player
49. Male sheep

Crossword Puzzle 49

3. Cube
4. Colorless gas
5. Access hole
6. Prefix, over
7. Isthmus
8. Black Sea peninsular
9. Having a yolk
10. Matures
11. Whale herds
16. Tranquillity
20. Intentionally kept concealed
22. Maple product
24. Otic organ
25. Mature
26. Ruled
28. Bullfight call
29. Antiquity
32. Silliness
35. Church officials
37. Wholly
40. Advance money
41. Fertiliser
42. Use atomic bom on (Colloq)
44. Soon
45. Inform
46. Whirlpool
49. Zero

ACROSS
1. Knob
5. Soldiers
8. Applaud
12. Military detachment
13. Primate
14. Car registration (Colloq)
15. Person who repairs machinery
17. Decorated cake
18. Exhalation
19. Fermented mare's milk
21. Temple
23. Allow
24. Ardently
27. Lake in the Sierra Nevada
30. In the past

31. Eagle's nest
33. Everything
34. Irk again
36. Unangered
38. Biblical high priest
39. Ache
40. Stupid
43. Write in notation
47. Sea eagle
48. Of clothes, not pressed
50. Never
51. Pack
52. Informed
53. Fathers
54. Cathedral city
55. Merely

DOWN
1. Unfeeling
2. Unique thing

Crossword Puzzle 50

1	2	3	4	■	5	6	7	■	8	9	10	11
12				■	13			■	14			
15				16			■	17				
18						■	19	20				
■			21		■	22	■	23			■	
24	25	26			■		27			28	29	
30			■	31		32		■	33			
34			35		36		■	37				
■		38			■	39				■		
40	41			42	■	43		44	45	46	
47			■	48	49			■			
50			■	51		■	52				
53			■	54		■	55				

ACROSS
1. Caution
5. Decade
8. Gael
12. Region
13. Gardening tool
14. Opera solo
15. Not a direct hit
17. - Christian Andersen
18. Apocrypha book
19. Piles
21. Upon
23. Noah's vessel
24. Narrow walkway
27. Pillow stuffing
30. Exclamation of surprise
31. Stop
33. Monad
34. Of the nose
36. Four-wheeled carriage
38. That woman
39. U.S. State
40. Juxtapose
43. Most uncommon
47. Dull person
48. Free of customs duty
50. Fly larvae
51. Dined
52. Employs
53. Church recess
54. Soldiers
55. Time of abstinence

DOWN
1. Diminish
2. Greek god of war
3. Peruse
4. Thin
5. Scottish emblem
6. Greek goddess
of the dawn
7. Scottish headland
8. Desert in N Africa
9. Eccentric
10. Hog sound
11. Soviet news service
16. Handcuffs
20. Convenience food
22. Giraffe-like animal
24. Cheat
25. Exclamation of surprise
26. Sots
28. Yoko -
29. Knowledge
32. Make shorter
35. On horseback
37. A large quantity of oral advice or abuse
40. Swedish pop-group of the '70s
41. Ship deck
42. Dutch cheese
44. Gaelic
45. Observed
46. Trial
49. Small truck

Crossword Puzzle 51

1	2	3	4		5	6	7		8	9	10	11

ACROSS
1. Red planet
5. Thrash
8. Surreptitious, attention getting sound
12. Image
13. Poem
14. Motor car
15. Roundworm
17. Mast
18. Indonesian cigarette
19. Plan
21. Skein of thread
23. Rummy game
24. In no place
27. City in Nebraska
30. Scottish expression
31. Hymn
33. Spread out for drying
34. Coniferous evergreen forest
36. Chiefs
38. Minor admonishment
39. Finished
40. Meaty
43. Bite off small bits
47. Rhythmic swing
48. Art of flying
50. Migrant farm worker
51. Be victorious
52. Toward the mouth
53. Unwanted plant
54. Sheltered side
55. Staffs

DOWN
1. Type of fur
2. The maple
3. Italian capital
4. Grab
5. Window-shoppers
6. Sum
7. Reward
8. Here and there
9. Assume a supine position
10. Male deer
11. Ripped
16. Mind reader
20. Abnormal egotism
22. Uncultivated country
24. Negating word
25. Wood sorrel
26. Fib
28. That woman
29. Commercials
32. Lionlike
35. Blew intermittently
37. Person in debt
40. Run, like water
41. Prefer
42. Sailing vessel
44. Pen
45. A burden
46. Finishes
49. Compete

Crossword Puzzle 52

1	2	3	4		5	6	7		8	9	10	11
12					13				14			
15				16					17			
18						19	20					
			21		22		23					
24	25	26					27			28	29	
30				31		32			33			
34			35		36			37				
		38			39							
40	41			42		43			44	45	46	
47				48	49							
50				51				52				
53				54				55				

ACROSS
1. Joke
5. Greek letter
8. Olio
12. Angers
13. Female bird
14. Once existed
15. Nine times as much
17. Former
18. Pot
19. Parents
21. Weeps
23. U-turn (Colloq)
24. Arboretum of pines
27. Serpent
30. Fuss
31. Son of Abraham
33. Unlocking implement
34. Entangle
36. Cooking style
38. Former measure of length
39. Nautical mile
40. Radiant
43. Soup bowl
47. Stylish
48. Aniseed liqueur
50. Trial
51. Witness
52. First class (1-3)
53. Hardens
54. Distress signal
55. Knot in wood

DOWN
1. Quick jerky move
2. A Great Lake
3. Dispatched
4. Sleeping
sickness fly
5. Sun personified
6. Norse goddess
7. Prefix, India
8. European country
9. Japanese dish
10. Gaelic
11. Moistens
16. Group of small naval vessels
20. Highly pleasing to taste
22. Hit
24. Normal
25. Highest mountain in Crete
26. Story writer
28. Knowledge
29. Optic organ
32. Female relatives
35. Chooses
37. Stripe of colour
40. Performs
41. Clarified butter
42. Church service
44. English college
45. Sicilian volcano
46. Never
49. Prefix, new

Crossword Puzzle 53

ACROSS
1. Ache
5. Television frequency
8. Russian emperor
12. American grey wolf
13. - kwon do (Korean martial art)
14. Diminish
15. Aniseed liqueur
17. Monetary unit of Peru
18. Snuggle
19. Delay
21. Paddles
23. Play division
24. Person elected
27. Waters down
30. Unit of loudness
31. Dropsy
33. Promise
34. Construct
36. A hold-up
38. Congeal
39. Window ledge
40. One of The Furies (Greek Myth)
43. A medium's session
47. Something owing
48. Outwit
50. Valley
51. Avail of
52. English college
53. Portent
54. Kitchen utensil
55. Caribbean dance music

DOWN
1. Scheme
2. First class (1-3)
3. Sacred Egyptian bird
4. Algae
5. Spoke
6. Headwear
7. Give food to
8. Sudden, hasty jerk
9. Having the power to heal
10. Against
11. Riding strap
16. Jubilantly
20. Comestibles
22. Prophets
24. Wane
25. Monetary unit of Romania
26. Suitable
28. And not
29. Two-up
32. Make moist
35. Suitable for Lent
37. Accuses
40. Root of the taro
41. Quantity of paper
42. Broth
44. Western pact
45. Crocodile (Colloq)
46. Sicilian volcano
49. America (Abbr)

Crossword Puzzle 54

1	2	3	4	■	5	6	7	■	8	9	10	11
12				■	13			■	14			
15			16	■			■	17			
18					■	19	20				
■		21		22	■	23			■		
24	25	26			■	27			28	29	
30			■	31		32		■	33		
34		35		■	36		37				
■	38			■	39			■			
40	41			42	■	43		44	45	46
47			■	48	49					
50			■	51			■	52		
53			■	54			■	55		

ACROSS
1. Jitterbug
5. Watch pocket
8. Hardens
12. - Khayyam
13. Prefix, one
14. Agave
15. Music symbol
17. In this place
18. Bedaubs
19. Small bottle with a stopper
21. Captured
23. Talent
24. Underground stem
27. Challenged
30. Japanese currency
31. Nervous
33. Eggs
34. Elsewhere excuse
36. Falderal
38. Soldiers
39. Pare
40. Resembling twigs
43. Cub leaders
47. City in central Texas
48. Below the legal age
50. Dash
51. Garland
52. Largest continent
53. Australian super-model
54. Etcetera
55. Dispatched

DOWN
1. Tasks
2. Officiating priest of a mosque
3. Urn
4. As a substitute
5. Unpleasant
6. Monad
7. Punch
8. Desert in N Africa
9. Elementary particle
10. Bull
11. Observed
16. Singing softly
20. Befitting a lady
22. Pavement edges
24. Handwoven Scandinavian rug
25. Norse goddess
26. Harmful
28. First woman
29. Time of sunshine
32. Containing vanadium
35. Depart
37. Musical dramas
40. Affectedly dainty
41. Building side
42. Christmas
44. Cut with laser
45. Against
46. Chair
49. Seine

Crossword Puzzle 55

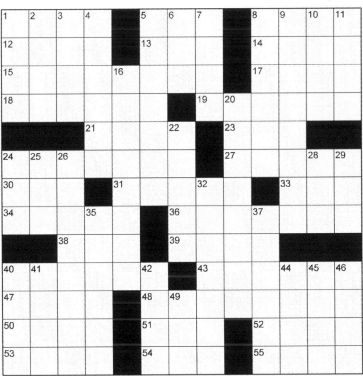

ACROSS
1. Portable ice-box
5. Be indebted
8. Image
12. Death rattle
13. Very modern
14. Large volume
15. Adult male horse
17. Got down from mount
18. Bowling pin
19. Distributes
21. Enough
23. Atmosphere
24. Marauding soldier
27. Burn with water
30. Carp-like fish
31. Russian emperors
33. Not
34. Viscid
36. Entertainment building
38. Doze
39. Cabins
40. Stages
43. Probably
47. Assess
48. Impetuous person
50. Spoken
51. Otic organ
52. Number of Muses
53. Sets
54. Vat
55. Russian emperor

DOWN
1. Former
2. Cloy
3. Ku Klux -
4. Barked shrilly
5. Sinister
6. Court
7. Dame - Everage, Humphries' character
8. Sloping print
9. Pigment
10. Exclude
11. Devices for fishing
16. Typesetting machine
20. His reef of gold has never been found
22. Anger
24. Hog
25. Fuss
26. Newborn
28. New Guinea seaport
29. The (German)
32. Dessert vegetable
35. Artists' stands
37. Sloping
40. Forage
41. Fleet rodent
42. Printer's mark, keep
44. Certainly
45. Japanese syllabic script
46. Looker
49. French, water

Crossword Puzzle 56

ACROSS
1. Lustreless
5. Ethnic telecaster
8. Strike breaker
12. Fertiliser
13. Feline
14. Cab
15. Statues collectively
17. Opera solo
18. Despot
19. Cover with studs
21. Baseball glove
23. Sick
24. Person who's finished employment
27. Fishing net
30. Exclamation of surprise
31. Lowermost deck
33. Prefix, new
34. Groom oneself
36. Raids
38. Beer
39. Line roof
40. Groups of eight
43. In fact
47. Cheat the system
48. Ancient city-state in N Africa
50. To the sheltered side
51. Prefix, one
52. Shakespeare's river
53. Girl
54. Facial twitch
55. Trial

DOWN
1. Mould
2. Ostentatious
3. Rip
4. Thick woven straw mat
5. Strew
6. Metal rod
7. Eye inflammation
8. Horse shelter
9. U.S. States, North and South -
10. Line of revolution
11. Prejudice
16. Of clothes, not pressed
20. Mistake in printing
22. Tending to a definite end
24. Knock with knuckles
25. Otic organ
26. Cinemas
28. - Kelly
29. Greek goddess of the dawn
32. Pertaining to dreams
35. Overjoys
37. Dated
40. Spoken
41. Soft drink variety
42. Short tail
44. Roof overhang
45. Personalities
46. Dint
49. Black bird

Crossword Puzzle 57

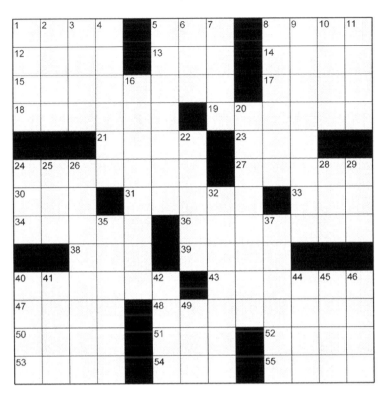

ACROSS
1. Steal
5. Limb
8. Confidence trick
12. Colours
13. Bullfight call
14. Large almost tailless rodent
15. Able to be rubbed out
17. Paradise
18. Artists' stands
19. Works dough
21. Musical symbol
23. Commercials
24. Went back on promise
27. Clump of trees
30. Legendary emperor of China
31. Greek goddess of peace
33. Male sheep
34. Loft
36. Moulds
38. Mount - , N.W. Qld. mining town
39. The maple
40. Scandinavian mythical demons
43. Sleeping sickness fly
47. First class (1-3)
48. Collecting
50. Plot of ground
51. Buddhist temple
52. Plod
53. Long fish
54. Born
55. Evergreen trees

DOWN
1. You
2. Subtle emanation
3. New Zealand parrots
4. Jewish fraternity
5. Marine crustacean
6. Former measure of length
7. Strange person
8. Dashboard instrument
9. Real estate register
10. Beaten by tennis service
11. Fortifies with troops
16. Beyond reasoning
20. Anonymous
22. Dropsy
24. Handwoven Scandinavian rug
25. Consume
26. Suppositional
28. Choice marble
29. Printer's measures
32. Wink
35. Small isles
37. Stylish
40. Record conversation
41. Part played
42. Cut (timber)
44. Roofing slate
45. Frozen precipitation
46. Ova
49. Actress, - West

Crossword Puzzle 58

1	2	3	4		5	6	7		8	9	10	11

(grid)

ACROSS
1. Dandies
5. Expression of disgust
8. River in central Switzerland
12. Monetary unit of Angola
13. Prefix, new
14. Antiaircraft fire
15. Undisputed
17. At the bow of a vessel
18. Portable ice-boxes
19. Shoots from concealment
21. Commonsense
23. Before
24. Seaport in Shandong province China
27. Master of ceremonies
30. Poem
31. African antelope
33. Writing fluid
34. Anthem
36. Free
38. Prefix, three
39. Raced
40. Choose
43. Trouble
47. Of urine
48. Minor work
50. Cotton fibre
51. Vase
52. Australian super-model
53. Beer barrels
54. Female ruff
55. Writing table

DOWN
1. Chimney pipe
2. 3 Admits
3. Alp
4. Fathering
5. Uncommon
6. Horse command
7. Brick carriers
8. Uphold
9. Baldness
10. Uncommon
11. Supplements
16. Pertaining to geodesy
20. Unnecessary
22. Flies high
24. City in NW Iran
25. Revised form of Esperanto
26. Irking
28. Abstract being
29. Supplement existence
32. Roman god of the seas
35. Builds
37. Drew forth
40. Peevish fit
41. A Great Lake
42. Travel
44. Govern
45. Woes
46. Search for
49. Prefix, before

Crossword Puzzle 59

ACROSS
1. Festival
5. Brown-capped boletus mushroom
8. Surreptitious, attention getting sound
12. Military detachment
13. Eggs
14. Migrant farm worker
15. Grabbed
17. Sand dune
18. Capital of Zimbabwe
19. Grinned
21. Wax
23. Dined
24. Carriage
27. Relabel
30. Otic organ
31. Skilled
33. Wood sorrel
34. A cereal
36. Ruled
38. Beer
39. Old injury mark
40. Eleventh Greek letter
43. Skills
47. A Great Lake
48. Qld capital
50. Pip
51. Bread roll
52. Make beer
53. Polynesian root food
54. Ovum
55. Evergreen trees

DOWN
1. Spurt forth
2. Indian currency
3. Fibber
4. Assail
5. Stuck together
6. First woman
7. Cushions
8. Arthropod
appendage
9. Bones
10. Trigonometric function
11. - off, began golf game
16. Scalloped on the margin
20. "War of the Worlds" invaders
22. Lookers
24. Chop
25. Exclamation of surprise
26. Having a softer and smoother texture
28. Top card
29. Goad for driving cattle
32. Hitting with beak
35. Percentage of light reflected by a planet
37. Grasping
40. For fear that
41. Region
42. French clergyman
44. Attention
45. Understood
46. Stitches
49. Floor mat

Crossword Puzzle 60

ACROSS
1. Flaky mineral
5. Deity
8. Electrical unit
12. Frozen confections
13. First woman
14. 6th month of the Jewish calendar
15. A Scandinavian
17. Positions
18. Buries
19. Name giver
21. Labels
23. Not at home
24. Bloom
27. Put pen to paper
30. Radiation unit
31. Edict of the czar
33. Charged particle
34. Serpent
36. Altar screen
38. Island (France)
39. 27th president of the U.S
40. Monosaccharide
43. Nurse at the breast
47. Fastener
48. Top of a nail
50. To the sheltered side
51. Rum
52. Otherwise
53. Minus
54. Alas
55. Submachine gun

DOWN
1. Short dress
2. Image
3. Certainty (Colloq)
4. Belongings
5. Large African antelope
6. Eggs
7. Sand dune
8. Bravery
9. Toothlike
10. Lacelike
11. Decorate (Xmas tree)
16. Deletions
20. Strong
22. Clever
24. Brassiere
25. Boy
26. Peculiarities
28. Also
29. Abstract being
32. Seacoast
35. Runs off
37. Engraves with acid
40. Kilocalorie
41. Australian super-model
42. Enough
44. Salmon that has spawned
45. Cut with laser
46. Paradise
49. Fuss

Crossword Puzzle 61

1	2	3	4		5	6	7		8	9	10	11
12					13				14			
15				16					17			
18						19	20					
		21			22		23					
24	25	26					27			28	29	
30				31		32			33			
34			35		36			37				
		38			39							
40	41			42		43			44	45	46	
47				48	49							
50				51				52				
53				54				55				

ACROSS
1. Semite
5. Bottle top
8. 20th letter of the Hebrew alphabet
12. Scottish lake
13. Room within a harem
14. Reverberate
15. Inflammation of the pleura
17. Offscourings
18. Group of six
19. Lithe
21. Capital of Yemen
23. Carp-like fish
24. As below
27. Of the nose
30. Normal
31. Savoury jelly
33. Island (France)
34. Chinese
36. Rival
38. Anger
39. Bargain event
40. Oriental temple
43. Flowing oil well
47. Dash
48. First public showing
50. Musical symbol
51. Otic organ
52. Fetid
53. - off, began golf game
54. Secret agent
55. Number of Muses

DOWN
1. Peaks
2. Part played
3. Beats by tennis service
4. Kingdom in the Himalayas
5. Tarries
6. Egos
7. Parts of week
8. Mignonette
9. Congregation
10. Closed
11. Abode
16. Embarrassed (3-5)
20. Bond signifying unity
22. Backs of necks
24. Raises
25. - kwon do (Korean martial art)
26. Supply with water
28. High-pitched
29. Sheltered side
32. Pictorial images
35. Pressed clothes
37. A sore
40. Confined
41. Agave
42. Primates
44. Prefix, sun
45. Ireland
46. Advise
49. Knock with knuckles

Crossword Puzzle 62

ACROSS
1. Final
5. 17th letter of the Greek alphabet
8. Slightly open
12. Spoken
13. Paddle
14. Monetary unit of Western Samoa
15. Activator
17. Colours
18. Colonial marine hydrozoan
19. Foul smell
21. Leer
23. Also
24. Wrongly call
27. Wicket cross-pieces
30. Revised form of Esperanto
31. Wattle species
33. Taxi
34. Eagle's nest
36. Wigwams
38. Cheat
39. Son of Isaac and Rebekah
40. Perfumes
43. Furrow or groove
47. Persian fairy
48. Unskilled
50. Notion
51. Golf peg
52. Gaelic
53. Sea bird
54. Greek goddess of the dawn
55. University head

DOWN
1. Crazy
2. Semite
3. Cloy
4. Aztec god of rain
5. Majestically
6. Owns
7. Food scraps
8. Greek goddess of wisdom
9. Yellow discoloration of the skin
10. Smart - , show-off
11. Hasty
16. Tendon like tissue
20. Pageants
22. Overjoy
24. Actress, - Farrow
25. Carp-like fish
26. Wizard
28. New Guinea seaport
29. Ethnic telecaster
32. Persons renting
35. Inhabitant of Ionia
37. Reduced to puree
40. Expectorate
41. Yield
42. Situate
44. Wax
45. Bear constellation
46. Submachine gun
49. Prefix, new

Crossword Puzzle 63

1	2	3	4		5	6	7		8	9	10	11
12					13				14			
15				16					17			
18							19	20				
			21			22		23				
24	25	26						27			28	29
30				31			32			33		
34			35			36				37		
		38				39						
40	41				42		43			44	45	46
47					48	49						
50					51				52			
53					54				55			

ACROSS

1. Whale herds
5. Monetary unit of Japan
8. Teeter
12. As previously given
13. 3 Thickness
14. Roofing slate
15. Roundworm
17. At sea
18. Storekeeper
19. Eruptive skin disease
21. Disease of the nervous system
23. Owing
24. Midday sleeps
27. Weird
30. Large snake
31. Bulb vegetable
33. Island (France)
34. Lazy -, revolving serving tray
36. Basketball-like game, usually played by women
38. Biblical high priest
39. Between white and black
40. Amusing people
43. Leather strips
47. Heed
48. Pertaining to meteors
50. - Lisa
51. Anger
52. Taj Mahal site
53. 2nd letter of the Hebrew alphabet
54. Spread out for drying
55. Hit or punch (Colloq)

DOWN

1. Sharp ringing sound
2. River in central Europe
3. Demonstration
4. Hits
5. Scotsman's pouch
6. Antiquity
7. Russian no
8. Monument
9. Climbing shrub
10. To the sheltered side
11. Long period of time
16. German
20. Toothless
22. Availing of
24. Ethnic telecaster
25. Acknowledgement of debt
26. Right of access over property
28. Sick
29. Conger
32. Unit of magnetic intensity
35. Immigration of Jews to Israel
37. Side road
40. Groom hair
41. Hautboy
42. Struck
44. Jason's ship
45. Fishing reel
46. Heroin
49. Before

Crossword Puzzle 64

1	2	3	4	■	5	6	7	■	8	9	10	11

ACROSS

1. Hindu teacher
5. Open
8. Damn
12. Periods of history
13. Vase
14. Off-Broadway theater award
15. Disavowed
17. Grain factory
18. Frenzied woman
19. Gleams
21. Emperor of Russia
23. Black bird
24. Undergo caseation
27. Memoranda
30. Egyptian serpent
31. Set up again
33. Vex
34. During that time
36. Study of diseases of the ear
38. Singer, - "King" Cole
39. Flock of quail
40. Island in central Japan
43. Establish a plant again
47. Supplements
48. Cobbler's nail
50. Cable
51. Took a seat
52. Prefix, distant
53. Scottish headland
54. Cereal
55. Nestling

DOWN

1. Cause of disease
2. Fertiliser
3. Sprint contest
4. Benefits derived from wealth
5. Make obsolete
6. Prefix, before
7. Finishes
8. Mask
9. From the beginning
10. African river
11. Sets
16. Home of Jesus
20. Aftereffects of drunkenness
22. Plunder again
24. Crow call
25. Fire remains
26. Two-up throwers
28. Work unit
29. Firmament
32. Repeat
35. Girls
37. Lyre-shaped
40. Chopped
41. Migrant farm worker
42. Former Soviet Union
44. Heed
45. Earthen pot
46. Golf mounds
49. Wages

Crossword Puzzle 65

1	2	3	4		5	6	7		8	9	10	11

ACROSS

1. British National Gallery
5. Jewel
8. Strike breaker
12. Cain's victim
13. Prefix, one
14. Norse god of thunder
15. Most prepared
17. Sea eagle
18. Marine mammals
19. Glimpsed
21. Fragrant flower
23. Raises
24. Lager
27. East Indian pepper plant
30. Biblical high priest
31. Notions
33. An age
34. Tending to a definite end
36. Washed
38. Room within a harem
39. Rotate
40. Philippines capital
43. Avoided
47. Jason's ship
48. Bring into existence
50. Eft
51. I have
52. Arm bone
53. Employs
54. Born
55. Dinner or tea

DOWN

1. Polynesian root food
2. Wrongfully assist
3. Nipple
4. Church officials
5. Surmised
6. Abstract being
7. Small spider
8. Russian plain
9. Name
10. First class (1-3)
11. Reared
16. Paradoxical
20. Serve as a subordinate
22. Upright
24. Domesticated animal
25. Island (France)
26. Capital of Malawi
28. Before
29. Boy
32. Person to whom property is transferred
35. Stupid people
37. Warning bell
40. Hindu lawgiver
41. Greek god of war
42. Against
44. Valley
45. Sicilian volcano
46. Trade agreement
49. First woman

Crossword Puzzle 66

1	2	3	4		5	6	7		8	9	10	11
12					13				14			
15				16					17			
18						19	20					
			21		22		23					
24	25	26					27			28	29	
30				31		32			33			
34			35		36			37				
		38			39							
40	41				42		43			44	45	46
47				48	49							
50				51				52				
53				54				55				

ACROSS
1. Very sweet
5. Miles per hour
8. Taxis
12. Bear constellation
13. Exclamation of surprise
14. Capable
15. Having no center
17. Make beer
18. Endured
19. Skewered meat portions
21. High temperature
23. Bottle top
24. Virgin Mary
27. Distributed cards
30. Atmosphere
31. Fragrant oil
33. Not
34. Jargon
36. Ousted
38. Horse command
39. Ritual
40. Pay
43. Through
47. Den
48. Weakness
50. Sea eagle
51. Which person
52. Performs
53. Unwanted plant
54. Each
55. Dregs

DOWN
1. Twofold
2. Killer whale
3. Employs
4. Combining form meaning " yellow "
5. Sarcastic
6. Greek letter
7. Joint in the hind leg of a horse
8. Cabdriver
9. Abrasive
10. A bubble
11. Stitches
16. Adolescent
20. Weird
22. Potato (Colloq)
24. Mothers
25. Sicken
26. Large mining excavator
28. New Guinea seaport
29. Spread out for drying
32. Pilot
35. Drew close to
37. Grain
40. Swing to the side
41. River in central Switzerland
42. Yelp
44. At one time
45. Situate
46. Sauce
49. That woman

Crossword Puzzle 67

1	2	3	4		5	6	7		8	9	10	11
12					13				14			
15				16					17			
18						19	20					
		21			22		23					
24	25	26					27			28	29	
30			31			32			33			
34			35		36			37				
		38			39							
40	41			42		43			44	45	46	
47				48	49							
50				51			52					
53				54			55					

ACROSS
1. Young sheep
5. Actor, - Chaney
8. Predatory sea bird
12. Egg-shaped
13. An age
14. Simple
15. State of being unmarried
17. To the sheltered side
18. Indonesian cigarette
19. Lances
21. Dutch name of The Hague
23. Exclamation of surprise
24. Medicinal tablet designed to be sucked
27. Garbage
30. Female sheep
31. Seashore
33. - de Janeiro
34. 1st letter of the Greek alphabet
36. Convex fluting
38. Mate
39. Cloy
40. Decent
43. - up. Of a river blocked by its own soil
47. Medicine tablet
48. Friendly
50. A Great Lake
51. Flee
52. Lofty
53. Gone
54. Ovum
55. Gaelic

DOWN
1. Security device
2. Vow
3. Man
4. Cheerful
5. Act of leaking
6. Mythical sea monster
7. Negative votes
8. Abalone (3.3)
9. Desert region in SW Africa
10. Consumer
11. Affirmative votes
16. Baseball pitched at the batter's head
20. Pitiful
22. Cogs
24. Meadow
25. Nocturnal bird
26. Rigid airship
28. Transgress
29. Pig
32. Stopping
35. Small village
37. Denounce
40. Vomit
41. Ireland
42. Lively
44. Type of automatic gear selector (1-3)
45. Old cloth measures
46. Delete (Printing)
49. Drinking vessel

Crossword Puzzle 68

ACROSS
1. Work units
5. Abstract being
8. Peruse
12. Twofold
13. By way of
14. Public exhibition
15. Twinkling
17. Serving plate
18. Shouted
19. Entertains
21. River in central Europe
23. Play division
24. Endurance
27. Spins
30. Sicken
31. Fragrant oil
33. Born
34. Intended
36. Stupid
38. Fish eggs
39. Spoken
40. Most intimate
43. Excrement
47. Speaking platform
48. Fused pottery or glass
50. Gaelic
51. Legume
52. Monetary unit of Western Samoa
53. Performs
54. The sun
55. Always

DOWN
1. Nervous
2. Govern
3. Erse
4. Zigzag
5. Obvious
6. A fool
7. Heroic story
8. Lessen
9. That which is
10. Church recess
11. Notes at scale's ends
16. Arbitrates
20. Matrimony
22. Proportion
24. Uncle -, USA personified
25. Bind
26. Scaremonger
28. Garland
29. Dry (wine)
32. Situated near the kidneys
35. Lassoes
37. Salt of oleic acid
40. Notion
41. Narcotics agent
42. Faucets
44. European race
45. Prefix, distant
46. 6th month of the Jewish calendar
49. Prefix, new

Crossword Puzzle 69

ACROSS
1. Rubbish
5. Gymnasium
8. Frizzy hair style
12. Double curve
13. Monetary unit of Romania
14. Meat cut
15. Sloping
17. Naked
18. Greek god of sleep
19. Fence steps
21. Suffix, diminutive
23. Top card
24. Psalmbook
27. Knob-like
30. Intention
31. Make law
33. America (Abbr)
34. Beatles' drummer, Ringo -
36. Angels
38. Fish eggs
39. 12th month of the Jewish calendar
40. Spurious
43. Grins
47. Lubricates
48. Qld capital
50. Australian super-model
51. Acknowledgement of debt
52. Hip bones
53. Pedal digits
54. Greek goddess of the dawn
55. Hardens

DOWN
1. Good-natured banter
2. Unattractive
3. Lowest high tide
4. Dog's shelter
5. Sparkle
6. Japanese currency
7. Drinking vessels
8. Permanent-magnet alloy
9. Disorganized
10. Travel on
11. Single items
16. Wobbled
20. Temper fits
22. Rub out
24. Dance step
25. Take a seat
26. Variety of sour cherry
28. Fire remains
29. - Vegas, US gambling city
32. Temperature scale
35. Stirs
37. Elsewhere excuses
40. Bard
41. Grain store
42. Off-Broadway theater award
44. Death rattle
45. Weave wool
46. Oceans
49. Kangaroo

Crossword Puzzle 70

1	2	3	4		5	6	7		8	9	10	11
12					13				14			
15				16					17			
18						19	20					
			21		22		23					
24	25	26					27			28	29	
30				31		32			33			
34			35		36			37				
		38			39							
40	41			42		43			44	45	46	
47				48	49							
50				51				52				
53				54				55				

ACROSS
1. Poems
5. Iota
8. Epic poetry
12. Member of the women's army auxiliary corps
13. Yoko -
14. Adore
15. Convert into cipher
17. To the sheltered side
18. Poll cattle
19. To affix
21. Knob
23. Donkey
24. Paperboy
27. Prefix, four
30. Crude mineral
31. Eagle's nest
33. Assist
34. Distributed

cards
36. Entrails
38. Fish eggs
39. Food
40. Glazed
43. Snuggle
47. Steals from
48. Blood condition
50. Lazy
51. Soak
52. Sloping walkway
53. Golf mounds
54. Secret agent
55. Salver

DOWN
1. Was indebted
2. Norseman
3. Every
4. Descendants
5. Average man

6. Monad
7. The Pentateuch
8. Pass
9. Polaris
10. Baking chamber
11. Pip
16. Proves a will
20. Protected by a patent
22. Eagle's nest
24. Indicate assent
25. Before
26. Suitable for wearing
28. Free
29. Commercials
32. Silliness
35. Profit failures
37. Classify
40. Gravel
41. Ore deposit
42. Veers
44. Russian emperor
45. Peruvian capital
46. Glimpse
49. Brown-capped boletus mushroom

Crossword Puzzle 71

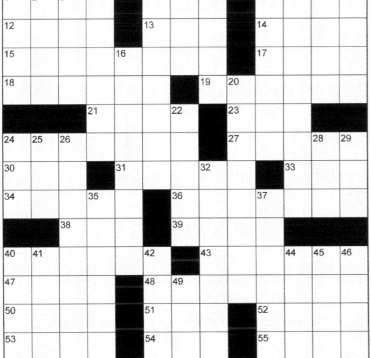

ACROSS
1. Debatable
5. Soldiers
8. Nautical call
12. - Khayyam
13. Atomic mass unit
14. Title
15. Yearly
17. Smile
18. Followed
19. Swells
21. Groan
23. Noah's vessel
24. Spicy
27. Goatlike antelope
30. Fuss
31. Sponsorship
33. Colour
34. Sailing craft
36. Foes
38. New Zealand parrot
39. Override
40. Monetary unit of Saudi Arabia
43. Dangers
47. Scent
48. Introduce
50. Floating platform
51. Indian dish
52. Grandmother
53. Ostentatious
54. Pig enclosure
55. Polluted atmosphere

DOWN
1. Sulk
2. Portent
3. Paddles
4. Shock
5. Trust territory
6. Australian bird
7. Unfeeling
8. Goat hair fabric
9. Ceremonial suicide
10. Exclude
11. Desires
16. Newborn
20. His reef of gold has never been found
22. Desert region in S Israel
24. Wages
25. Highest mountain in Crete
26. Garret
28. Horse command
29. Commercials
32. Inappropriately
35. Cheerful
37. Idiots
40. Israeli round dance
41. 6th month of the Jewish calendar
42. Helps
44. Officiating priest of a mosque
45. Floor covering
46. Male deer
49. Singer, - "King" Cole

Crossword Puzzle 72

ACROSS
1. Parasitic insect
5. Bitter vetch
8. Wanes
12. Beef cut
13. Feline
14. Medieval Scandinavian chieftain
15. Cause of a disease
17. A Great Lake
18. Pertaining to the tergum
19. Trust deed
21. Epic poetry
23. Small truck
24. Not native
27. Spruce
30. Top card
31. Expiring
33. Bind
34. Bantu language
36. Ancient Mexicans
38. Each
39. Leading player
40. Pawpaw
43. Stage whispers
47. Ancient Greek coin
48. Serve as a subordinate
50. Otherwise
51. Sick
52. Spool
53. - off, began golf game
54. Dined
55. Villein

DOWN
1. Worry
2. Stringed instrument
3. Islamic chieftain
4. Climax
5. Study of the environment
6. Tatter
7. Eye inflammation
8. Matter erupted from a volcano
9. Hair clasp
10. Vigor
11. Swing to the side
16. Pertaining to the cutting and polishing of stones
20. Eyeglasses with tinted lenses
22. Fits of rage
24. Machine for sending documents
25. Scottish expression
26. Go against again
28. Facial twitch
29. Affirmative response
32. Noteworthy
35. Closed tightly
37. Attempters
40. Bard
41. Capable
42. Largest continent
44. Endure
45. Always
46. Ego
49. Last month

Crossword Puzzle 73

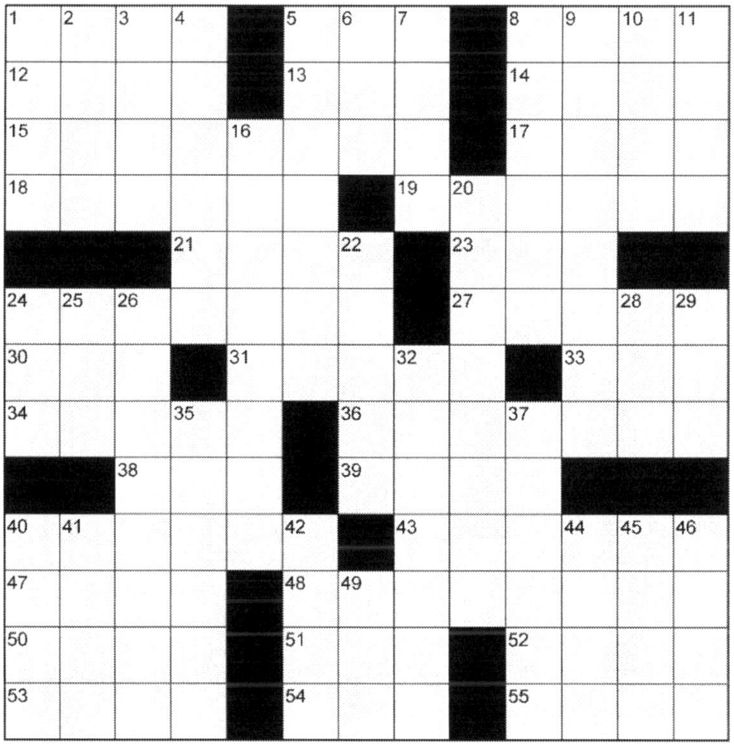

(Crossword grid with numbered cells)

occurring in corn
5. Sluggishness
6. Vessel or duct
7. Fencing sword
8. Rise in revolt
9. Aztec temple
10. Opera solo
11. Hades
16. Protract
20. Pursuing
22. Piece put in
24. Pet form of
Leonard
25. Yes
26. Incised carving
28. An age
29. To clothe
32. Brand of facial
tissue
35. Bawlers
37. Sewers
40. Have a chat
41. Hautboy
42. Egyptian
goddess of
fertility
44. Chain armour
45. Russian secret
police
46. Wander
49. Beer

ACROSS
1. Humming sound
5. I have
8. American state
12. A Great Lake
13. Doze
14. Father
15. Inhabitant of
Nepal
17. Vex
18. Christian
festival
19. Heroic
21. Monetary unit
of Peru
23. America (Abbr)
24. Confinement
27. Rent out again
30. Even (poet.)
31. Chores
33. Card game
34. Of course
36. Avoiding
38. Land measure

39. Rip
40. Woman who
practices yoga
43. Captivate
47. Capable
48. Capital of
Chile
50. Coconut husk
fibre
51. Island (France)
52. East Indies
palm
53. Greek island in
the Aegean
54. Gender
55. Squalid city
area

DOWN
1. Prefix, well
2. Fertiliser
3. Toothed
fasteners
4. Cytokinin

Crossword Puzzle 74

ACROSS
1. Level
5. Gipsy lad
8. A particular
12. Abominable snowman
13. Be indebted
14. Silent
15. Bursting forth
17. Things in favour of something
18. Short stalks
19. Woman graduate
21. Suffix, diminutive
23. Small truck
24. Relateed
27. Goat antelope
30. Bullfight call
31. Jargon
33. Freeze
34. Lengthwise
36. Otalgia
38. Prefix, new
39. Post
40. Crustaceans
43. Resembling a cube
47. Overdue
48. Able to be rubbed out
50. European mountain range
51. Monetary unit of Albania
52. Piece of money
53. Sets
54. A charge
55. Shouts of agreement

DOWN
1. Sight organs
2. Green (Heraldry)
3. Sewing case
4. Pinched
5. Revel noisily
6. Possess
7. Prefix, large
8. Ascribe
9. Spice used in curries
10. English college
11. Rocky tableland
16. Quadrangle
20. Glossy
22. Borders
24. Hawaiian acacia
25. Sick
26. Newborn
28. Scottish expression
29. Tiny
32. Cake made of oatmeal
35. Stair posts
37. The rank of an abbot
40. Stopper
41. Uncommon
42. Ego
44. Hautboy
45. Hip bones
46. Lairs
49. Female ruff

Crossword Puzzle 75

ACROSS
1. Welt
5. Supplement existence
8. Minor oath
12. Son of Isaac and Rebekah
13. And not
14. Prefix, air
15. Mortification
17. Metal spike
18. Deception
19. Heroic
21. Knot in wood
23. Soak flax
24. Large island of Indonesia
27. Overjoy
30. Mature
31. Thaws
33. Grandmother
34. Stage
36. Built
38. Pet form of Leonard
39. Refuse
40. Worldly goods
43. Make an accusation
47. Primordial giant in Norse myth
48. Posed
50. Italian capital
51. Sick
52. Monetary unit of Peru
53. Old
54. Female ruff
55. Mould

DOWN
1. Gone
2. At sea
3. Shortage
4. Site of Victorian goldminers rebellion
5. Entrap
6. Colorful form of the common carp
7. Gaelic
8. Hebrew prophet
9. Person or thing that reacts
10. Opera solo
11. A tax
16. Salve
20. State of being present
22. Breathed rattlingly
24. Vital tree fluid
25. Expression of disgust
26. Customary eating hour
28. - kwon do (Korean martial art)
29. Finish
32. Pedal
35. Charred
37. Recurring in cycles
40. Jaguarundi
41. Polluted atmosphere
42. Islamic chieftain
44. Arm bone
45. Hardens
46. Redact
49. Bullfight call

Crossword Puzzle 76

1	2	3	4		5	6	7		8	9	10	11
12					13				14			
15				16					17			
18						19	20					
			21		22		23					
24	25	26					27			28	29	
30				31		32			33			
34			35		36			37				
		38			39							
40	41			42		43			44	45	46	
47				48	49							
50				51				52				
53				54				55				

ACROSS
1. Instance
5. Gipsy lad
8. Gooey (Colloq)
12. Angers
13. Japanese sash
14. Grandmother
15. Television news report
17. Narrow aperture
18. Artists' stands
19. Worldly goods
21. Western pact
23. Sweet potato
24. Frolicked
27. Irish county
30. Prefix, one
31. Decree
33. Doze
34. Powder from castor-oil plant
36. Sowers of seed
38. Part of a circle
39. Domesticate
40. Pains of childbirth
43. Implement for cutting grain
47. Anon
48. Flag of France
50. Agave
51. Even (poet.)
52. Mend socks
53. Tear
54. Negative
55. Finishes

DOWN
1. Motion picture
2. Region
3. Stitches
4. Jewish fraternity
5. Baked meat
6. Observation
7. Small spider
8. Place in position
9. Lotion for skin eruptions
10. Weave wool
11. W.A. eucalypt
16. Closed four-wheeled carriage
20. Pertaining to a system
22. Writer of lyric poetry
24. Worthless dog
25. Black bird
26. Rogue
28. Needlefish
29. Operations (colloq)
32. Stopping
35. Pressed clothes
37. Decipher
40. Russian emperor
41. Aperture
42. Submachine gun
44. Ku Klux -
45. Nobleman
46. Sea eagles
49. Female ruff

Crossword Puzzle 77

ACROSS
1. Hindu garment
5. Seedy fruit
8. Hip bones
12. Rime
13. Top card
14. Hit on head
15. Inflexible
17. Against
18. Sway
19. Border
21. Inflammation (Suffix)
23. Pastry item
24. Divide into three
27. Verily
30. A swelling
31. Willow
33. Rum
34. Marine mammal
36. Customers
38. Biblical high priest
39. Osculate
40. Bequest
43. Safe
47. Distort
48. Blood condition
50. Periods of history
51. In favour of
52. To matter
53. Small island
54. Sol
55. Three (Cards)

DOWN
1. Closed
2. First class (1-3)
3. Death rattle
4. Inflammation of the iris
5. Cloths
6. Freeze
7. Cause of disease
8. Greek island in the Aegean Sea
9. Support on an airplane
10. Monetary unit of Peru
11. Related
16. Pertaining to meteors
20. Advised
22. Adhere
24. A couple
25. Soak flax
26. Constituent
28. Once common, now banned, insecticide
29. Egos
32. A slur
35. Pass
37. Accompany
40. Monetary unit of Angola
41. Hearing organs
42. Yelps
44. Consumer
45. Staple Oriental grain
46. Portable ice-box
49. French vineyard

Crossword Puzzle 78

ACROSS
1. Wan
5. Brown-capped boletus mushroom
8. Type of automatic gear selector (1-3)
12. Off-Broadway theater award
13. Gardening tool
14. Rant
15. Without equals
17. Egyptian goddess of fertility
18. Swirled
19. Aloof
21. Finishes
23. Everything
24. Cypriot
27. Riding straps
30. That woman
31. Rub out
33. Corn ear
34. Inter ashes
36. Baubles
38. Doctor
39. Prophet
40. Fix in advance
43. Flat
47. Time of abstinence
48. Actual time
50. At one time
51. Ovum
52. Supplements
53. Performer
54. Enemy
55. Hire

DOWN
1. Pontiff
2. In bed
3. Prevaricated
4. Weirder
5. Cheese
6. Greek goddess of the dawn
7. Mexican currency
8. Anything of small value
9. Medieval church
10. Rent-a-car company
11. 20th letter of the Hebrew alphabet
16. Clemency
20. Goodbye
22. Hitches
24. Greek letter
25. Japanese currency
26. Discretion
28. Today
29. Ethnic telecaster
32. That which oozes
35. Rota
37. Abrading tool
40. Walk wearily
41. U.S. divorce city
42. Not kosher
44. Goddess of victory
45. Prayer ending
46. Pause
49. The self

Crossword Puzzle 79

1	2	3	4	■	5	6	7	■	8	9	10	11
12				■	13			■	14			
15				16				■	17			
18						■	19	20				
■	■		21			22	■	23			■	■
24	25	26					■	27			28	29
30			■	31		32		■	33			
34			35		■	36		37				
■	■	38		■	39					■	■	■
40	41			42		43			44	45	46	
47			■	48	49			■				
50			■	51			■	52				
53			■	54			■	55				

ACROSS
1. Hasty
5. Prefix, over
8. Confidence trick
12. Fencing sword
13. - de mer, seasickness
14. Story
15. Starlike symbol
17. Matures
18. Peruser
19. Pomes
21. Minor oath
23. Biblical high priest
24. Learned
27. Respond
30. Pet form of Leonard
31. Searches for
33. Fish eggs
34. Leaven
36. Humming sound
38. Enemy
39. Trigonometric function
40. Matching set of jewels
43. Intoxicated
47. Thin
48. Cultivated cabbage
50. Parched
51. Sea eagle
52. Scent
53. Lets head fall wearily
54. Large body of water
55. Hawaiian goose

DOWN
1. Back
2. Church recess
3. Bristle
4. Obeyed
5. State of an emir
6. Dance step
7. Every
8. U-shaped fastener
9. Seaport in S Sardinia
10. To the sheltered side
11. Untidy state
16. Enrol
20. Private
22. Acts
24. Cathedral city
25. Female ruff
26. Not scared
28. Cheat
29. Two-year old sheep
32. Hindu deity
35. Noises
37. Nerve cell
40. Scheme
41. Prefix, air
42. Supplements
44. Juniper
45. Black
46. Dreadful
49. Crude mineral

Crossword Puzzle 80

1	2	3	4		5	6	7		8	9	10	11
12					13				14			
15				16					17			
18							19	20				
		21			22		23					
24	25	26					27			28	29	
30				31		32			33			
34			35		36			37				
		38			39							
40	41			42		43			44	45	46	
47				48	49							
50				51				52				
53				54				55				

ACROSS
1. Howl
5. Crane boom
8. Microphone
12. Hautboy
13. Top card
14. Send out
15. More slushy
17. Prayer ending
18. Hearth goddess
19. Swiss city
21. Capital of Norway
23. Russian community
24. Eternal
27. Nuisances
30. Level of karate proficiency
31. Dubious
33. Before
34. Prefix, sugar
36. Europe and Asia as one
38. Otic organ
39. Weight allowance
40. Rages
43. One of the laity
47. Budge
48. Exhaust pipe
50. Roman dates
51. Vase
52. Hip bones
53. Misdeed
54. Negative
55. Applaud

DOWN
1. Nonsense
2. Capable
3. Courts
4. Elementary particle
5. Game resembling handball
6. Freeze
7. South African mountain
8. Stingy person
9. Dips
10. Capital of the Ukraine
11. Sicilian volcano
16. Pea-shaped
20. Celestial
22. Beginning
24. Commercials
25. French, water
26. Quick inspection (4-4)
28. Prefix, three
29. Large body of water
32. Irish team game
35. Most uncommon
37. Abnormal
40. Struck
41. Bustle or fuss (Colloq) (2-2)
42. Daze
44. Grain factory
45. Capital of Western Samoa
46. Lowest high tide
49. Land measure

Puzzle 1

V	A	A	L	■	C	A	B	■	S	H	E	D
A	L	E	E	■	H	I	E	■	T	O	R	E
N	O	O	N	T	I	D	E	■	A	O	N	E
S	E	N	D	U	P	■	F	O	R	K	E	D
■	■	E	S	P	Y	■	M	E	N	■	■	■
O	V	E	R	S	E	E	■	P	R	O	O	F
L	E	T	■	O	R	A	C	H	■	S	P	A
E	T	H	I	C	■	N	E	A	R	E	S	T
■	■	I	N	K	■	S	A	L	E	■	■	■
A	C	C	U	S	E	■	S	O	L	A	C	E
L	A	I	R	■	L	E	I	S	U	R	E	D
S	I	Z	E	■	U	R	N	■	C	O	D	E
O	N	E	S	■	L	A	G	■	T	W	I	N

Puzzle 2

P	A	N	S	■	T	I	L	■	A	K	I	N
A	V	O	W	■	W	O	O	■	R	I	C	E
S	O	N	O	R	O	U	S	■	B	R	E	W
S	N	O	R	E	S	■	E	G	O	I	S	T
■	■	D	R	O	P	■	R	U	B	■	■	■
D	I	M	S	I	M	S	■	I	R	A	Q	I
A	D	O	■	S	E	A	L	S	■	T	E	D
B	A	U	L	K	■	L	E	E	S	I	D	E
■	■	N	E	E	■	M	O	O	T	■	■	■
O	C	T	A	D	S	■	N	U	R	S	E	S
R	E	A	R	■	N	U	I	S	A	N	C	E
E	R	I	N	■	I	N	N	■	F	I	R	M
S	O	N	S	■	P	I	E	■	E	T	U	I

Puzzle 3

S	U	D	D	■	F	I	N	■	A	F	A	R
O	L	I	O	■	R	O	E	■	T	E	L	E
U	N	C	T	U	O	U	S	■	A	M	I	D
P	A	E	A	N	S	■	S	E	M	I	T	E
■	■	G	A	T	E	■	N	A	N	■	■	■
J	E	Z	E	B	E	L	■	S	N	I	G	S
U	S	E	■	A	D	O	R	N	■	S	E	A
S	T	A	R	T	■	P	H	A	N	T	O	M
■	■	L	E	E	■	E	I	R	E	■	■	■
S	C	O	L	D	S	■	Z	E	A	L	O	T
U	R	T	I	■	P	R	O	D	R	O	M	E
C	E	R	E	■	O	H	M	■	B	R	E	N
K	E	Y	S	■	T	O	E	■	Y	E	N	S

Puzzle 4

W	O	M	B	■	B	E	N	■	O	P	E	N
A	L	A	R	■	I	L	E	■	C	L	U	E
A	L	L	E	R	G	I	C	■	T	A	R	O
C	A	L	V	E	S	■	K	E	A	T	O	N
■	■	E	C	H	O	■	A	N	I	■	■	■
C	A	R	T	O	O	N	■	T	E	N	E	T
O	H	O	■	U	T	I	L	E	■	U	T	E
G	A	L	O	P	■	O	A	R	S	M	A	N
■	■	L	I	E	■	N	O	I	L	■	■	■
S	C	O	L	D	S	■	T	E	A	B	A	G
L	E	V	I	■	P	R	I	S	T	I	N	E
A	D	E	N	■	R	Y	A	■	E	R	I	N
B	E	R	G	■	Y	E	N	■	D	O	L	E

Puzzle 5

L	U	N	E	■	C	I	D	■	E	B	B	S
I	T	E	M	■	O	L	E	■	N	A	R	C
F	A	R	E	W	E	L	L	■	A	S	E	A
T	H	O	R	A	X	■	E	B	B	I	N	G
■	■	G	R	I	D	■	A	L	L	■		
D	I	V	E	R	S	E	■	R	E	I	G	N
I	D	O	■	A	T	I	L	T	■	C	U	E
P	A	T	E	N	■	G	A	L	E	A	T	E
■	A	L	T	■	N	Y	E	T	■	■		
M	O	R	A	Y	S	■	E	T	C	H	E	R
A	B	E	T	■	C	A	R	T	H	A	G	E
L	O	S	E	■	O	D	E	■	E	L	A	N
L	E	S	S	■	T	O	D	■	D	O	D	O

Puzzle 6

S	K	I	M	■	B	A	A	■	D	H	A	L
C	O	R	E	■	U	N	I	■	R	A	L	E
A	B	A	T	T	O	I	R	■	A	C	E	S
N	O	N	A	R	Y	■	Y	O	W	I	E	S
■	■	L	E	A	D	■	B	E	E	■		
P	A	I	S	A	N	O	■	S	E	N	D	S
A	W	N	■	S	T	O	A	T	■	D	E	E
N	E	H	R	U	■	M	B	A	B	A	N	E
■	E	A	R	■	S	Y	C	E	■	■		
S	E	R	I	E	D	■	S	L	A	T	E	S
O	W	E	S	■	R	E	M	E	D	I	A	L
D	E	N	E	■	E	R	A	■	L	E	T	O
A	R	T	S	■	E	E	L	■	E	R	S	T

Puzzle 7

S	W	A	T	■	F	I	B	■	P	A	W	N
I	A	G	O	■	O	D	A	■	O	B	I	E
N	A	U	T	I	C	A	L	■	I	S	L	E
O	C	E	A	N	S	■	D	U	S	T	E	R
■	■	L	I	L	T	■	N	O	R	■		
F	L	U	S	T	E	R	■	I	N	A	P	T
E	E	L	■	I	S	A	A	C	■	C	H	I
W	I	C	C	A	■	C	R	Y	P	T	I	C
■	E	L	L	■	E	A	C	H	■	■		
T	H	R	U	S	H	■	B	L	A	D	E	S
R	E	A	M	■	A	C	I	E	R	A	T	E
E	A	T	S	■	A	H	A	■	O	C	T	A
T	R	E	Y	■	G	E	N	■	S	E	E	R

Puzzle 8

G	E	N	S	■	E	E	L	■	A	M	I	D
A	L	O	E	■	M	O	O	■	G	Y	R	E
B	L	U	S	H	I	N	G	■	E	R	I	E
Y	E	S	T	E	R	■	E	O	N	I	S	M
■	■	E	R	A	S	■	I	D	A	■		
L	A	C	T	A	T	E	■	N	A	P	E	S
O	I	L	■	L	E	G	I	T	■	O	L	E
T	R	E	N	D	■	N	O	M	A	D	I	C
■	R	O	E	■	O	N	E	S	■	■		
S	K	I	D	D	Y	■	I	N	S	T	A	L
L	O	C	O	■	E	A	S	T	E	R	L	Y
A	L	A	S	■	A	G	E	■	N	E	A	R
B	O	L	E	■	S	O	S	■	T	Y	R	E

Puzzle 9

```
S I Z E █ P E W █ L E S S
C A E N █ A R E █ A N T A
A G R A R I A N █ T R E Y
R O O M E R █ D I V A N S
█ E M I R █ M I G █
A I R L A N E █ M A I L S
I D E █ I G L O O █ N A E
M O R O N █ U P T I G H T
█ O D E █ G A I N █
D R U I D S █ C L U M S Y
A U T O █ A C I E R A T E
L I E U █ U H F █ E N O W
E N D S █ L E Y █ D U B S
```

Puzzle 10

```
T E A M █ B O O █ S K E G
A I D E █ A D D █ T I L E
C R E N A T E D █ I R A N
T E N S E S █ S U P I N E
█ A R M S █ N E B █
U N C L O A K █ C L A M P
G E O █ G N A R L █ T I A
H O V E R █ L A O T I A N
█ E R A █ D I S H █
C H R O M A █ M E A G E R
H E L D █ A B E D N E G O
A L E E █ H A N █ K N O B
P I T S █ S A T █ S U S S
```

Puzzle 11

```
M A I N █ D E W █ A D A R
E L L E █ I L E █ C I N E
A T L A N T I S █ A S I A
N O S T O C █ T H R A L L
█ E C H O █ A I L █
Q U A R T E R █ I D L E R
E T C █ U D D E R █ O R E
D E T E R █ E L B O W E D
█ U R N █ R E A D █
C L A R E T █ G L E A M S
L E T O █ A N A L O G I C
A V E R █ R A N █ N I N A
M I S S █ T E T █ S N I T
```

Puzzle 12

```
C A N A █ C E P █ T B A R
O W E N █ R O O █ H A L E
O R A T R E S S █ A V I D
P Y T H O N █ E C L A T S
█ E Y A S █ A I R █
C I R R A T E █ T A I L S
O D E █ L E T B E █ A A H
Y A Q U I █ U R G E N C Y
█ U P S █ P E O N █
P R E S T O █ A R A B I C
L A S H █ B U S Y B O D Y
O C T O █ E S T █ L E E S
P E S T █ Y E S █ E R S T
```

Puzzle 13

```
MATE ▓ PED ▓ ONES
OPEN ▓ ROO ▓ RALE
NEARMISS ▓ APSE
OSMIUM ▓ EITHER
▓▓ CLAD ▓ SOT ▓▓
ARCHERY ▓ ORACH
SIR ▓ TYING ▓ LEU
SPACE ▓ NEOLITH
▓ BEE ▓ GENE ▓▓
INWARD ▓ DACAPO
DAIS ▓ RAILHEAD
ERSE ▓ IRE ▓ ERNE
AYES ▓ PER ▓ ROSS
```

Puzzle 14

```
NARY ▓ SEA ▓ CLAM
ECHO ▓ UEY ▓ LINO
AMENABLE ▓ ATOP
READER ▓ SERENE
▓▓ EROS ▓ PER ▓▓
SUCROSE ▓ ITALY
ERA ▓ BARKS ▓ TEE
ENNUI ▓ AEONIAN
▓ ARC ▓ INDO ▓▓
BADASS ▓ NETTLE
AGIN ▓ CAESAREA
BEAU ▓ ADD ▓ REAR
ERNS ▓ TOY ▓ YENS
```

Puzzle 15

```
ROPE ▓ ICE ▓ DOFF
AKIN ▓ DON ▓ OVAL
GIRLHOOD ▓ TILE
GENIAL ▓ STAPLE
▓▓ SLIM ▓ EGO ▓▓
ECSTASY ▓ NESTS
WOE ▓ TEALS ▓ IOU
ENNUI ▓ LEISTER
▓ ONO ▓ LION ▓▓
PARENT ▓ SNAPPY
ILIA ▓ OPUSCULE
SOTS ▓ PAR ▓ KLAN
AWAY ▓ EYE ▓ SETS
```

Puzzle 16

```
HAIR ▓ WOW ▓ BEEP
ALOE ▓ AWE ▓ EYRE
LANTERNS ▓ LEGS
ERSATZ ▓ TATTOO
▓▓ RIOT ▓ BEE ▓▓
CONDONE ▓ EDEMA
ANI ▓ LEAKY ▓ TAD
MOTTO ▓ CRASHED
▓ RUG ▓ HINT ▓▓
ANONYM ▓ SCORIA
YOGI ▓ ATHELING
EVEN ▓ RUN ▓ ELSE
SANG ▓ SPA ▓ NETS
```

Puzzle 17

```
A S A P ■ T H E ■ G H A T
R O A R ■ W A D ■ R E G O
T I R E S O M E ■ A C E R
S L E E T S ■ N E V A D A
■ ■ N O O K ■ P E T ■ ■
C O N S U M E ■ I R O N Y
E A U ■ T E N E T ■ M A E
T R I C E ■ C L A B B E R
■ S O S ■ H O P E ■ ■
B E A U T Y ■ P H A S I S
L I N G ■ I C E S T O R M
O R C A ■ P A R ■ E S A U
B E E R ■ E M S ■ N O N G
```

Puzzle 18

```
H I P S ■ S B S ■ P L A N
O L I O ■ M O O ■ R I L E
G I R L H O O D ■ A V E S
S A N D A L ■ A B J E C T
■ ■ E N D S ■ A N T ■
H E A R K E N ■ K A R M A
O A T ■ E R O D E ■ A R T
B U Y E R ■ R E L A P S E
■ P I E ■ T H I S ■ ■
S K I D D Y ■ O T I T I S
L A C E ■ A I R E D A L E
A L A R ■ L O N ■ E R I N
B E L S ■ E N S ■ S E E D
```

Puzzle 19

```
L O V E ■ S U B ■ T A P S
I B E X ■ U S A ■ E M I T
N E A T E N E D ■ N A P E
N Y L O N S ■ E S P R I T
■ L A U D ■ H I E ■
A N O S M I A ■ A N T I C
D E N ■ O T T E R ■ T O O
D E C O R ■ E U P H O N Y
■ E R E ■ D R E E ■
A V O I D S ■ A N T I C S
R I V E ■ T E S S E R A E
O V E N ■ E L I ■ R O D E
W A R T ■ P Y A ■ O N E R
```

Puzzle 20

```
C L I P ■ O C H ■ A F A R
E A R L ■ F R Y ■ V I C E
D R E A D F U L ■ A X E D
E D D I E D ■ A L T A R S
■ C L U E ■ O A T ■
S T R E E T S ■ B R I D E
O W E ■ T Y K E S ■ O U R
P A L P I ■ E X T E N D S
■ O H O ■ R I E L ■
S E C O N D ■ G R A M M A
A R A B ■ U N E S P I E D
U N T O ■ S I N ■ I C E D
L E E S ■ T N T ■ D A D S
```

Puzzle 21

G	I	L	A	■	B	Y	E	■	S	C	A	B
U	R	A	L	■	L	E	D	■	T	A	L	E
N	O	T	I	C	I	N	G	■	A	R	I	D
S	N	E	E	R	S	■	E	G	R	E	T	S
■	■	N	O	T	E	■	A	V	E	■	■	■
T	A	P	S	T	E	R	■	S	E	N	G	I
E	R	E	■	C	R	A	M	P	■	E	E	N
D	E	A	T	H	■	T	I	R	A	D	E	S
■	C	U	E	■	O	D	O	R	■	■	■	■
A	V	E	R	S	E	■	D	O	C	I	L	E
W	A	F	T	■	I	L	L	F	A	T	E	D
E	L	U	L	■	R	E	E	■	D	E	V	I
D	E	L	E	■	E	N	S	■	E	M	I	T

Puzzle 22

L	E	N	D	■	L	A	P	■	A	G	E	D
I	D	E	A	■	A	W	E	■	R	A	P	E
A	G	R	E	E	I	N	G	■	C	R	E	E
R	E	D	D	E	R	■	S	T	A	R	E	R
■	■	A	R	I	A	■	A	D	O	■	■	■
O	B	E	L	I	S	K	■	R	E	T	A	G
P	E	R	■	N	E	E	D	S	■	T	I	A
S	L	A	K	E	■	L	O	I	T	E	R	S
■	S	I	S	■	A	G	E	R	■	■	■	■
C	L	A	S	S	Y	■	E	R	A	S	E	S
R	O	B	S	■	I	N	A	S	M	U	C	H
A	B	L	E	■	P	A	R	■	P	E	R	E
M	E	E	D	■	E	N	S	■	S	T	U	D

Puzzle 23

K	I	S	S	■	O	R	B	■	N	O	T	E
I	D	E	A	■	I	O	U	■	E	V	E	R
N	O	R	M	A	L	C	Y	■	B	E	E	N
G	L	E	A	M	S	■	S	P	U	R	N	S
■	■	R	E	E	D	■	E	L	F	■	■	■
C	L	E	A	N	E	R	■	S	A	L	T	S
O	A	R	■	A	D	E	P	T	■	O	W	L
T	H	U	M	B	■	A	R	E	A	W	A	Y
■	M	A	L	■	D	A	R	N	■	■	■	■
O	S	P	R	E	Y	■	L	E	S	S	O	N
L	E	E	K	■	M	R	I	D	A	N	G	A
L	A	N	K	■	I	O	N	■	T	O	R	O
A	N	T	A	■	R	O	E	■	E	W	E	S

Puzzle 24

N	E	S	T	■	A	P	T	■	S	H	A	M
A	V	E	R	■	S	E	A	■	P	A	C	A
Z	E	N	I	T	H	A	L	■	A	R	I	D
I	N	T	O	R	T	■	A	B	R	A	D	E
■	■	D	I	R	K	■	A	S	K	■	■	■
S	I	D	E	C	A	R	■	C	E	I	L	S
A	D	O	■	K	Y	A	C	K	■	R	E	E
M	E	R	C	I	■	U	R	A	L	I	A	N
■	M	A	S	■	T	A	C	O	■	■	■	■
T	R	O	P	H	Y	■	S	H	A	R	K	S
S	O	U	P	■	A	T	H	E	N	I	A	N
A	P	S	E	■	L	E	E	■	E	T	N	A
R	E	E	D	■	E	N	D	■	R	E	A	P

Puzzle 25

```
G I L A ■ R I P ■ ■ A M E N
R A I D ■ A N I ■ V A L E
I G N O R I N G ■ I N S T
D O N N E D ■ S T A T E S
■ ■ A C E S ■ A T E ■
H O S I E R Y ■ J E L L Y
A P E ■ I S L A M ■ E Y E
G E T U P ■ P S A L T E R
■ T N T ■ H O H O ■
T H I R S T ■ C A L C A R
H O N E ■ O E I L L A D E
E R G S ■ P E A ■ E G A D
E A S T ■ E L L ■ D E M O
```

Puzzle 26

```
P L A N ■ S P Y ■ K A L E
E A S E ■ H A O ■ O B E Y
O M I T T I N G ■ B E E R
N E A T E R ■ A H O R S E
■ ■ E S K Y ■ O L D ■
D E A D S E A ■ O D E U M
A R M ■ E R N E S ■ E T A
B A B E R ■ K L E E N E X
■ I S A ■ S A G S ■
C O A T E D ■ P O S A D A
E D N A ■ R E S W A Y E D
S E C T ■ I L E ■ Y A L E
T R E E ■ B I D ■ S H I N
```

Puzzle 27

```
O Y E Z ■ E E L ■ P T A H
C O D E ■ R A Y ■ R A L E
T W I N B O R N ■ O P E N
A L T A R S ■ X E B E C S
■ ■ N A I F ■ P E W ■
V A V A S O R ■ I D O L S
O N O ■ S N A G S ■ R I O
W I L G A ■ U N T A M E D
■ C A R ■ D O L T ■
B R A N D S ■ M E T T L E
R A N G ■ L E I S U R E D
A N I L ■ O P S ■ N O N G
D I C E ■ T I T ■ E D D Y
```

Puzzle 28

```
C O L S ■ L E E ■ P T A H
I D E M ■ O A R ■ A O N E
A D V I S O R S ■ S L I M
O S I R I S ■ E A S E L S
■ ■ K N E E ■ M E R ■
T A S S E L S ■ A D A P T
A I M ■ C Y S T S ■ T A E
U L U R U ■ A U S T E R E
■ G A R ■ Y M I R ■
L O G I E S ■ E N O D A L
E L L S ■ M I S G U I D E
A L E E ■ O R C ■ G N A T
D A D S ■ G E E ■ H E R O
```

Puzzle 29

O	O	Z	Y	■	C	H	E	■	W	R	A	P
O	B	I	E	■	R	E	D	■	I	O	W	A
P	O	T	S	H	E	R	D	■	N	Y	E	T
S	L	I	M	E	S	■	O	C	T	A	D	S
■	■	■	A	L	S	O	■	A	L	L	■	
V	E	I	N	L	E	T	■	B	E	I	N	G
E	L	L	■	E	T	H	E	R	■	S	E	A
X	Y	L	A	N	■	E	R	E	C	T	E	D
■	■	F	B	I	■	R	A	T	E	■	■	
S	C	A	R	C	E	■	S	T	A	T	U	E
I	O	T	A	■	P	H	E	A	S	A	N	T
A	X	E	D	■	O	U	R	■	E	M	I	T
M	A	D	E	■	S	B	S	■	D	O	T	E

Puzzle 30

C	R	U	S	■	S	T	Y	■	S	L	I	M
R	I	S	E	■	T	E	E	■	C	O	T	E
A	P	E	R	I	E	N	T	■	A	C	E	R
M	E	R	E	S	T	■	I	L	L	U	M	E
■	■	■	N	O	S	E	■	O	A	T	■	
B	I	B	E	L	O	T	■	B	R	I	B	E
I	D	E	■	A	N	N	A	L	■	O	A	R
N	A	W	A	B	■	A	N	O	I	N	T	S
■	■	I	L	L	■	S	A	L	T	■	■	
A	L	L	I	E	D	■	G	L	A	R	E	D
T	I	D	E	■	A	C	R	Y	L	A	T	E
O	M	E	N	■	M	O	A	■	I	R	O	N
M	A	R	S	■	P	O	M	■	C	E	N	T

Puzzle 31

C	O	G	S	■	R	O	O	■	A	O	N	E
O	R	A	L	■	E	A	R	■	S	L	I	D
O	C	T	O	N	A	R	Y	■	S	Y	C	E
T	A	S	T	E	D	■	X	I	A	M	E	N
■	■	H	A	I	L	■	D	I	P	■		
T	R	U	S	T	E	E	■	E	L	I	T	E
I	O	N	■	E	D	E	M	A	■	A	W	E
L	E	A	R	N	■	C	E	L	A	D	O	N
■	■	B	E	E	■	H	A	I	R	■	■	
S	C	A	L	D	S	■	S	T	O	L	E	S
I	O	T	A	■	P	O	L	Y	M	A	T	H
T	R	E	Y	■	A	L	E	■	A	S	T	I
E	N	D	S	■	Y	E	S	■	S	T	E	N

Puzzle 32

G	A	I	N	■	F	A	R	■	T	W	I	T
O	B	O	E	■	E	L	I	■	R	E	D	E
O	B	T	U	R	A	T	E	■	I	S	L	E
N	E	A	R	E	R	■	L	E	N	T	E	N
■	■	A	S	I	A	■	N	A	M	■		
O	P	U	L	E	N	T	■	C	L	O	D	S
B	O	N	■	A	G	I	L	E	■	S	O	U
S	I	G	I	L	■	L	E	I	S	T	E	R
■	■	U	S	E	■	T	A	N	K	■	■	
M	E	L	O	D	Y	■	S	T	I	P	E	L
A	R	A	B	■	A	C	I	E	R	A	T	E
P	I	T	A	■	R	U	N	■	R	U	N	E
S	E	E	R	■	E	R	G	■	S	L	A	T

Puzzle 33

D	O	E	S	■	O	L	D	■	D	I	S	C
U	N	C	O	■	S	E	E	■	I	N	T	O
A	T	H	L	E	T	I	C	■	S	H	O	O
D	O	T	A	G	E	■	A	P	P	A	L	L
■	■	C	O	O	K	■	E	E	L	■	■	■
T	O	X	E	M	I	A	■	E	L	I	D	E
I	D	A	■	A	D	D	E	R	■	N	I	L
T	E	N	O	N	■	A	L	L	E	G	E	D
■	T	R	I	■	I	D	E	S	■	■	■	■
B	E	H	E	A	D	■	E	S	C	R	O	W
U	R	E	A	■	A	Y	R	S	H	I	R	E
R	I	N	D	■	T	I	L	■	E	D	E	N
L	E	E	S	■	A	N	Y	■	W	E	S	T

Puzzle 34

D	A	C	E	■	I	T	S	■	E	R	A	S
A	L	A	S	■	S	I	T	■	R	E	D	O
W	E	S	T	E	R	L	Y	■	A	B	E	L
S	C	H	E	M	A	■	E	S	S	E	N	E
■	■	■	R	I	E	L	■	E	E	L	■	■
C	R	A	S	S	L	Y	■	A	D	D	E	D
A	Y	E	■	S	I	N	E	W	■	O	V	A
D	E	R	M	A	■	C	L	A	I	M	E	D
■	O	A	R	■	H	I	S	S	■	■	■	■
P	O	L	E	Y	N	■	S	P	L	E	E	N
A	G	I	N	■	A	N	I	S	E	T	T	E
S	E	T	A	■	Y	A	O	■	T	O	U	T
T	E	E	D	■	S	E	N	■	S	N	I	T

Puzzle 35

F	R	A	P	■	B	E	D	■	E	K	E	S
I	O	W	A	■	L	O	O	■	F	A	M	E
F	I	E	N	D	I	S	H	■	F	L	I	C
E	L	D	E	R	S	■	S	T	U	A	R	T
■	■	L	A	T	E	■	A	S	H	■	■	■
P	U	R	S	U	E	D	■	C	E	A	S	E
U	S	E	■	G	R	E	A	T	■	R	I	G
L	A	R	C	H	■	M	E	L	T	I	N	G
■	A	R	T	■	A	R	E	A	■	■	■	■
W	I	S	E	S	T	■	A	S	T	R	A	L
R	A	P	E	■	O	U	T	S	T	A	R	E
A	G	E	D	■	E	R	E	■	O	G	E	E
P	O	D	S	■	A	N	D	■	O	A	S	T

Puzzle 36

L	I	M	N	■	G	U	M	■	O	D	D	S
A	L	E	E	■	U	S	E	■	M	E	A	T
C	E	R	U	L	E	A	N	■	E	C	R	U
E	X	E	T	E	R	■	D	U	L	L	E	D
■	■	E	N	D	S	■	P	E	A	■	■	■
V	I	T	R	I	O	L	■	S	T	R	O	P
I	D	A	■	E	N	A	C	T	■	E	V	E
M	O	U	R	N	■	K	H	A	D	D	A	R
■	T	I	C	■	E	R	I	E	■	■	■	■
S	E	E	D	E	D	■	O	R	M	O	L	U
E	R	N	E	■	R	A	N	S	O	M	E	R
A	G	E	R	■	U	N	I	■	B	I	T	E
N	O	D	S	■	B	I	C	■	S	T	O	A

Puzzle 37

R	O	W	S	■	P	S	I	■	V	A	L	E
I	R	A	N	■	H	A	N	■	E	N	O	W
O	C	T	A	G	O	N	S	■	S	O	L	E
T	A	T	T	L	E	■	T	W	I	R	L	S
■	■	■	C	O	B	S	■	I	C	E	■	■
K	A	S	H	R	U	T	■	T	A	X	I	S
O	W	E	■	I	S	A	A	C	■	I	L	E
A	L	A	M	O	■	V	E	H	I	C	L	E
■	B	E	L	■	E	R	I	N	■	■	■	■
L	O	O	T	E	D	■	A	N	G	L	I	A
O	M	A	R	■	O	U	T	G	O	I	N	G
S	E	R	E	■	P	R	E	■	T	O	T	O
E	N	D	S	■	E	N	D	■	S	N	I	G

Puzzle 38

D	E	E	P	■	L	O	B	■	A	O	N	E
O	P	A	L	■	A	P	E	■	S	P	A	Y
V	I	R	I	L	I	T	Y	■	S	E	R	E
E	C	L	A	I	R	■	S	M	I	R	K	S
■	■	N	A	I	F	■	I	S	A	■	■	■
E	R	O	T	I	S	E	■	L	I	B	E	L
T	O	R	■	S	E	R	A	I	■	L	O	O
C	O	A	T	I	■	N	E	A	R	E	S	T
■	■	T	E	N	■	S	O	R	E	■	■	■
C	L	I	N	G	S	■	N	I	A	C	I	N
L	A	O	S	■	T	H	I	A	M	I	N	E
A	C	N	E	■	Y	E	A	■	E	A	S	T
M	E	S	S	■	E	R	N	■	D	O	T	S

Puzzle 39

T	A	R	P	■	T	N	T	■	I	T	C	H
A	X	E	L	■	Z	E	E	■	S	H	A	Y
F	L	E	A	B	I	T	E	■	R	I	L	L
T	E	D	I	U	M	■	D	H	A	R	M	A
■	■	■	C	O	M	A	■	Y	E	T	■	■
H	O	N	E	Y	E	D	■	P	L	E	A	T
O	D	A	■	A	S	I	A	N	■	E	R	A
B	E	G	A	N	■	E	N	O	U	N	C	E
■	■	A	B	C	■	U	S	S	R	■	■	■
A	S	S	A	Y	S	■	W	I	C	C	A	N
B	E	A	T	■	E	Y	E	S	H	A	D	E
B	A	K	E	■	T	O	R	■	I	M	A	M
A	M	I	D	■	A	D	S	■	N	E	R	O

Puzzle 40

H	U	M	P	■	P	O	D	■	T	A	T	A
A	R	E	A	■	O	D	E	■	O	M	A	R
N	E	O	N	A	T	A	L	■	P	A	N	T
D	A	W	D	L	E	■	E	N	E	R	G	Y
■	■	■	E	T	N	A	■	E	K	E	■	■
O	U	T	R	A	C	E	■	W	A	T	C	H
A	S	H	■	R	Y	O	T	S	■	T	R	I
R	E	R	O	B	■	N	O	C	U	O	U	S
■	■	I	D	O	■	S	W	A	N	■	■	■
P	O	L	E	Y	N	■	E	S	T	A	T	E
E	L	L	S	■	A	I	R	T	I	G	H	T
L	I	E	S	■	T	O	E	■	D	R	A	T
T	O	R	A	■	O	U	D	■	Y	A	T	E

Puzzle 41

W	O	O	S	■	M	E	L	■	E	L	A	N
I	D	L	E	■	A	M	U	■	T	O	R	Y
S	O	L	A	T	I	U	M	■	O	N	C	E
E	R	A	S	E	D	■	P	L	I	G	H	T
■	■	O	R	E	S	■	I	L	E	■	■	■
P	E	N	N	A	N	T	■	P	E	R	E	S
I	R	E	■	T	S	A	R	S	■	O	P	E
E	R	A	T	O	■	T	E	T	A	N	I	C
■	■	T	R	I	■	E	M	I	R	■	■	■
D	R	E	A	D	S	■	A	C	A	C	I	A
H	A	N	D	■	T	I	N	K	L	I	N	G
O	G	E	E	■	O	D	D	■	I	N	T	I
W	E	D	S	■	A	S	S	■	A	E	O	N

Puzzle 42

T	R	A	P	■	G	I	B	■	G	I	S	T
O	U	R	S	■	R	O	O	■	A	N	T	E
G	L	E	A	M	I	N	G	■	E	T	O	N
S	E	A	L	E	D	■	Y	C	L	E	P	T
■	■	■	M	A	D	E	■	A	I	R	■	■
C	R	A	S	S	L	Y	■	S	C	A	L	E
H	U	N	■	L	E	E	C	H	■	C	A	R
E	N	N	U	I	■	R	O	I	S	T	E	R
■	■	O	P	E	■	S	T	E	P	■	■	■
B	L	U	R	R	Y	■	E	R	E	C	T	S
A	O	N	E	■	A	I	R	S	C	R	E	W
I	N	C	A	■	T	R	I	■	I	O	T	A
L	E	E	R	■	E	K	E	■	E	C	H	T

Puzzle 43

S	E	R	E	■	B	A	Y	■	I	S	N	T
I	R	A	N	■	A	G	E	■	M	O	U	E
A	N	I	M	A	T	O	R	■	P	U	K	E
M	E	D	I	C	S	■	K	N	A	V	E	S
■	■	■	T	I	M	E	■	A	L	L	■	■
C	O	P	Y	C	A	T	■	M	E	A	N	T
O	N	E	■	U	N	T	I	E	■	K	O	I
N	O	P	A	L	■	E	C	L	A	I	R	S
■	■	P	E	A	■	S	T	E	N	■	■	■
S	H	E	R	R	Y	■	E	S	T	E	E	M
T	O	R	A	■	A	Y	R	S	H	I	R	E
A	B	E	T	■	L	E	I	■	E	R	I	E
B	O	D	E	■	E	T	C	■	M	E	N	D

Puzzle 44

K	I	W	I	■	E	R	G	■	I	T	C	H
I	R	A	N	■	L	I	E	■	S	H	O	E
T	O	R	N	A	D	O	S	■	S	I	A	M
S	N	E	E	Z	E	■	T	A	U	N	T	S
■	■	R	O	R	T	■	L	E	N	■	■	■
T	H	I	S	T	L	E	■	I	R	E	N	E
H	A	S	■	E	Y	R	I	E	■	S	E	A
E	N	O	R	M	■	M	O	N	I	T	O	R
■	■	L	E	I	■	S	N	A	G	■	■	■
D	R	A	M	A	S	■	I	G	N	O	R	E
R	O	B	E	■	P	O	S	E	I	D	O	N
I	D	L	E	■	I	V	E	■	T	O	A	D
B	E	E	T	■	V	A	S	■	E	R	N	S

Puzzle 45

T	I	P	S		G	I	B		U	M	B	O
H	A	U	L		L	O	O		P	A	I	R
I	G	N	O	R	A	N	T		R	H	E	A
S	O	T	T	E	D		A	B	O	A	R	D
			H	I	D	E		O	A	R		
P	I	L	S	N	E	R		O	R	A	T	E
O	L	E		S	N	A	C	K		J	O	Y
A	L	A	R	M		S	A	C	C	A	D	E
	P	E	A		E	S	A	U				
I	N	F	A	N	T		I	S	S	U	E	D
N	A	R	C		H	O	N	E	S	T	L	Y
K	N	O	T		A	D	O		E	A	S	E
S	A	G	S		I	D	S		S	H	E	D

Puzzle 46

R	U	T	H		P	H	I		S	H	A	M
U	R	E	A		F	A	D		E	A	V	E
S	T	A	M	P	E	D	E		A	R	E	A
H	I	T	M	A	N		A	F	E	A	R	D
			E	R	N	E		O	A	K		
G	E	O	R	G	I	A		O	R	I	B	I
A	S	P		E	G	R	E	T		R	E	D
S	P	U	R	T		N	A	N	N	I	E	S
	L	E	E		S	T	O	A				
S	P	E	N	D	S		A	T	T	A	I	N
H	A	N	D		H	E	B	E	T	A	T	E
O	N	C	E		I	L	L		E	R	I	S
P	E	E	R		P	I	E		R	E	S	T

Puzzle 47

S	C	A	D		F	O	R		T	O	P	S
H	A	I	R		E	W	E		A	R	E	A
O	R	D	I	N	A	N	D		S	A	R	I
P	E	E	L	E	R		D	I	S	T	I	L
			L	O	F	T		M	I	R		
H	O	T	S	P	U	R		M	E	E	T	S
E	R	A		L	L	A	M	A		S	I	B
T	E	X	T	A		I	O	N	I	S	E	S
	P	A	S		L	I	E	D				
C	H	A	S	M	S		S	N	E	A	K	S
L	A	Y	S		W	E	T	T	A	B	L	E
A	L	E	E		A	Y	E		T	E	A	T
M	E	R	L		K	E	N		E	D	N	A

Puzzle 48

B	A	C	H		S	E	E		B	A	B	E
A	S	E	A		U	R	N		A	C	E	R
L	I	S	T	E	N	E	D		R	E	N	O
T	A	T	T	E	R		S	C	O	N	E	S
			E	R	I	E		U	L	T		
A	M	O	R	I	S	T		C	O	R	A	L
R	A	D		N	E	H	R	U		I	S	A
K	R	O	N	E		E	A	R	A	C	H	E
	M	A	S		R	U	B	S				
T	S	E	T	S	E		C	I	T	I	E	S
I	O	T	A		P	R	O	T	R	A	C	T
E	D	E	N		E	A	U		A	G	R	A
D	A	R	T		E	M	S		L	O	U	R

Puzzle 49

N	O	D	E	█	M	E	N	█	█	C	L	A	P
U	N	I	T	█	A	P	E	█	R	E	G	O	
M	E	C	H	A	N	I	C	█	I	C	E	D	
B	R	E	A	T	H	█	K	U	M	I	S	S	
█	█	N	A	O	S	█	L	E	T	█	█		
E	A	G	E	R	L	Y	█	T	A	H	O	E	
A	G	O	█	A	E	R	I	E	█	A	L	L	
R	E	V	E	X	█	U	N	R	I	L	E	D	
█	E	L	I	█	P	A	I	N	█	█			
L	U	R	D	A	N	█	N	O	T	A	T	E	
E	R	N	E	█	U	N	I	R	O	N	E	D	
N	E	E	R	█	K	I	T	█	T	O	L	D	
D	A	D	S	█	E	L	Y	█	O	N	L	Y	

Puzzle 50

W	A	R	N	█	T	E	N	█	S	C	O	T
A	R	E	A	█	H	O	E	█	A	R	I	A
N	E	A	R	M	I	S	S	█	H	A	N	S
E	S	D	R	A	S	█	S	T	A	C	K	S
█	█	O	N	T	O	█	A	R	K	█	█	
C	A	T	W	A	L	K	█	K	A	P	O	K
O	H	O	█	C	E	A	S	E	█	O	N	E
N	A	S	A	L	█	P	H	A	E	T	O	N
█	S	H	E	█	I	O	W	A	█	█		
A	P	P	O	S	E	█	R	A	R	E	S	T
B	O	O	R	█	D	U	T	Y	F	R	E	E
B	O	T	S	█	A	T	E	█	U	S	E	S
A	P	S	E	█	M	E	N	█	L	E	N	T

Puzzle 51

M	A	R	S	█	L	A	M	█	P	S	S	T
I	C	O	N	█	O	D	E	█	A	U	T	O
N	E	M	A	T	O	D	E	█	S	P	A	R
K	R	E	T	E	K	█	D	E	S	I	G	N
█	█	C	L	E	W	█	G	I	N	█	█	
N	O	W	H	E	R	E	█	O	M	A	H	A
O	C	H	█	P	S	A	L	M	█	T	E	D
T	A	I	G	A	█	L	E	A	D	E	R	S
█	T	U	T	█	D	O	N	E	█	█		
F	L	E	S	H	Y	█	N	I	B	B	L	E
L	I	L	T	█	A	V	I	A	T	I	O	N
O	K	I	E	█	W	I	N	█	O	R	A	D
W	E	E	D	█	L	E	E	█	R	O	D	S

Puzzle 52

J	E	S	T	█	P	H	I	█	S	T	E	W
I	R	E	S	█	H	E	N	█	W	E	R	E
N	I	N	E	F	O	L	D	█	E	R	S	T
K	E	T	T	L	E	█	O	L	D	I	E	S
█	█	S	O	B	S	█	U	E	Y	█	█	
P	I	N	E	T	U	M	█	S	N	A	K	E
A	D	O	█	I	S	A	A	C	█	K	E	Y
R	A	V	E	L	█	C	U	I	S	I	N	E
█	E	L	L	█	K	N	O	T	█	█		
A	G	L	E	A	M	█	T	U	R	E	E	N
C	H	I	C	█	A	N	I	S	E	T	T	E
T	E	S	T	█	S	E	E	█	A	O	N	E
S	E	T	S	█	S	O	S	█	K	N	A	R

Puzzle 53

P	A	I	N	■	U	H	F	■	T	S	A	R
L	O	B	O	■	T	A	E	■	W	A	N	E
A	N	I	S	E	T	T	E	■	I	N	T	I
N	E	S	T	L	E	■	D	E	T	A	I	N
■	■	■	O	A	R	S	■	A	C	T	■	■
E	L	E	C	T	E	E	■	T	H	I	N	S
B	E	L	■	E	D	E	M	A	■	V	O	W
B	U	I	L	D	■	R	O	B	B	E	R	Y
■	■	G	E	L	■	S	I	L	L	■	■	■
E	R	I	N	Y	S	■	S	E	A	N	C	E
D	E	B	T	■	O	U	T	S	M	A	R	T
D	A	L	E	■	U	S	E	■	E	T	O	N
O	M	E	N	■	P	A	N	■	S	O	C	A

Puzzle 54

J	I	V	E	■	F	O	B	■	S	E	T	S
O	M	A	R	■	U	N	I	■	A	L	O	E
B	A	S	S	C	L	E	F	■	H	E	R	E
S	M	E	A	R	S	■	F	L	A	C	O	N
■	■	■	T	O	O	K	■	A	R	T	■	■
R	H	I	Z	O	M	E	■	D	A	R	E	D
Y	E	N	■	N	E	R	V	Y	■	O	V	A
A	L	I	B	I	■	B	A	L	O	N	E	Y
■	■	M	E	N	■	S	N	I	P	■	■	■
T	W	I	G	G	Y	■	A	K	E	L	A	S
W	A	C	O	■	U	N	D	E	R	A	G	E
E	L	A	N	■	L	E	I	■	A	S	I	A
E	L	L	E	■	E	T	C	■	S	E	N	T

Puzzle 55

E	S	K	Y	■	O	W	E	■	I	C	O	N
R	A	L	E	■	M	O	D	■	T	O	M	E
S	T	A	L	L	I	O	N	■	A	L	I	T
T	E	N	P	I	N	■	A	L	L	O	T	S
■	■	■	E	N	O	W	■	A	I	R	■	■
P	A	N	D	O	U	R	■	S	C	A	L	D
I	D	E	■	T	S	A	R	S	■	N	A	E
G	O	O	E	Y	■	T	H	E	A	T	E	R
■	■	N	A	P	■	H	U	T	S	■	■	■
P	H	A	S	E	S	■	B	E	L	I	K	E
R	A	T	E	■	T	E	A	R	A	W	A	Y
O	R	A	L	■	E	A	R	■	N	I	N	E
G	E	L	S	■	T	U	B	■	T	S	A	R

Puzzle 56

M	A	T	T	■	S	B	S	■	S	C	A	B
U	R	E	A	■	C	A	T	■	T	A	X	I
S	T	A	T	U	A	R	Y	■	A	R	I	A
T	Y	R	A	N	T	■	E	M	B	O	S	S
■	■	■	M	I	T	T	■	I	L	L	■	■
R	E	T	I	R	E	E	■	S	E	I	N	E
A	A	H	■	O	R	L	O	P	■	N	E	O
P	R	E	E	N	■	I	N	R	O	A	D	S
■	■	A	L	E	■	C	E	I	L	■	■	■
O	C	T	A	D	S	■	I	N	D	E	E	D
R	O	R	T	■	C	A	R	T	H	A	G	E
A	L	E	E	■	U	N	I	■	A	V	O	N
L	A	S	S	■	T	I	C	■	T	E	S	T

Puzzle 57

T	A	K	E	■	L	E	G	■	S	C	A	M
H	U	E	S	■	O	L	E	■	P	A	C	A
E	R	A	S	A	B	L	E	■	E	D	E	N
E	A	S	E	L	S	■	K	N	E	A	D	S
■	N	O	T	E	■	A	D	S	■			
R	E	N	E	G	E	D	■	M	O	T	T	E
Y	A	O	■	I	R	E	N	E	■	R	A	M
A	T	T	I	C	■	M	I	L	D	E	W	S
■	I	S	A	■	A	C	E	R	■			
T	R	O	L	L	S	■	T	S	E	T	S	E
A	O	N	E	■	A	M	A	S	S	I	N	G
P	L	A	T	■	W	A	T	■	S	L	O	G
E	E	L	S	■	N	E	E	■	Y	E	W	S

Puzzle 58

F	O	P	S	■	U	G	H	■	A	A	R	E
L	W	E	I	■	N	E	O	■	F	L	A	K
U	N	A	R	G	U	E	D	■	F	O	R	E
E	S	K	I	E	S	■	S	N	I	P	E	S
■	N	O	U	S	■	E	R	E	■			
Q	I	N	G	D	A	O	■	E	M	C	E	E
O	D	E	■	E	L	A	N	D	■	I	N	K
M	O	T	E	T	■	R	E	L	E	A	S	E
■	T	R	I	■	S	P	E	D	■			
S	E	L	E	C	T	■	T	S	U	R	I	S
U	R	I	C	■	O	P	U	S	C	U	L	E
L	I	N	T	■	U	R	N	■	E	L	L	E
K	E	G	S	■	R	E	E	■	D	E	S	K

Puzzle 59

G	A	L	A	■	C	E	P	■	P	S	S	T
U	N	I	T	■	O	V	A	■	O	K	I	E
S	N	A	T	C	H	E	D	■	D	E	N	E
H	A	R	A	R	E	■	S	M	I	L	E	D
■	C	E	R	E	■	A	T	E	■			
H	A	C	K	N	E	Y	■	R	E	T	A	G
E	A	R	■	A	D	E	P	T	■	O	C	A
W	H	E	A	T	■	R	E	I	G	N	E	D
■	A	L	E	■	S	C	A	R	■			
L	A	M	B	D	A	■	K	N	A	C	K	S
E	R	I	E	■	B	R	I	S	B	A	N	E
S	E	E	D	■	B	U	N	■	B	R	E	W
T	A	R	O	■	E	G	G	■	Y	E	W	S

Puzzle 60

M	I	C	A	■	G	O	D	■	V	O	L	T
I	C	E	S	■	E	V	E	■	A	D	A	R
N	O	R	S	E	M	A	N	■	L	O	C	I
I	N	T	E	R	S	■	E	P	O	N	Y	M
■	T	A	B	S	■	O	U	T	■			
B	L	O	S	S	O	M	■	W	R	O	T	E
R	A	D	■	U	K	A	S	E	■	I	O	N
A	D	D	E	R	■	R	E	R	E	D	O	S
■	I	L	E	■	T	A	F	T	■			
K	E	T	O	S	E	■	S	U	C	K	L	E
C	L	I	P	■	N	A	I	L	H	E	A	D
A	L	E	E	■	O	D	D	■	E	L	S	E
L	E	S	S	■	W	O	E	■	S	T	E	N

Puzzle 61

A	R	A	B	█	L	I	D	█	R	E	S	H
L	O	C	H	█	O	D	A	█	E	C	H	O
P	L	E	U	R	I	S	Y	█	S	C	U	M
S	E	S	T	E	T	█	S	V	E	L	T	E
█	█	A	D	E	N	█	I	D	E	█	█	█
U	T	I	N	F	R	A	█	N	A	S	A	L
P	A	R	█	A	S	P	I	C	█	I	L	E
S	E	R	I	C	█	E	M	U	L	A	T	E
█	I	R	E	█	S	A	L	E	█	█	█	█
P	A	G	O	D	A	█	G	U	S	H	E	R
E	L	A	N	█	P	R	E	M	I	E	R	E
N	O	T	E	█	E	A	R	█	O	L	I	D
T	E	E	D	█	S	P	Y	█	N	I	N	E

Puzzle 62

L	A	S	T	█	R	H	O	█	A	J	A	R
O	R	A	L	█	O	A	R	█	T	A	L	A
C	A	T	A	L	Y	S	T	█	H	U	E	S
O	B	E	L	I	A	█	S	T	E	N	C	H
█	█	O	G	L	E	█	A	N	D	█	█	█
M	I	S	C	A	L	L	█	B	A	I	L	S
I	D	O	█	M	Y	A	L	L	█	C	A	B
A	E	R	I	E	█	T	E	E	P	E	E	S
█	C	O	N	█	E	S	A	U	█	█	█	█
S	C	E	N	T	S	█	S	U	L	C	U	S
P	E	R	I	█	I	N	E	X	P	E	R	T
I	D	E	A	█	T	E	E	█	E	R	S	E
T	E	R	N	█	E	O	S	█	D	E	A	N

Puzzle 63

P	O	D	S	█	S	E	N	█	S	W	A	Y
I	D	E	M	█	P	L	Y	█	T	I	L	E
N	E	M	A	T	O	D	E	█	A	S	E	A
G	R	O	C	E	R	█	T	E	T	T	E	R
█	█	K	U	R	U	█	D	U	E	█	█	█
S	I	E	S	T	A	S	█	E	E	R	I	E
B	O	A	█	O	N	I	O	N	█	I	L	E
S	U	S	A	N	█	N	E	T	B	A	L	L
█	E	L	I	█	G	R	A	Y	█	█	█	█
C	O	M	I	C	S	█	S	T	R	A	P	S
O	B	E	Y	█	M	E	T	E	O	R	I	C
M	O	N	A	█	I	R	E	█	A	G	R	A
B	E	T	H	█	T	E	D	█	D	O	N	G

Puzzle 64

G	U	R	U	█	O	P	E	█	D	A	N	G
E	R	A	S	█	U	R	N	█	O	B	I	E
R	E	C	A	N	T	E	D	█	M	I	L	L
M	A	E	N	A	D	█	S	H	I	N	E	S
█	█	C	Z	A	R	█	A	N	I	█	█	█
C	A	S	E	A	T	E	█	N	O	T	E	S
A	S	P	█	R	E	R	I	G	█	I	R	K
W	H	I	L	E	█	O	T	O	L	O	G	Y
█	N	A	T	█	B	E	V	Y	█	█	█	█
H	O	N	S	H	U	█	R	E	R	O	O	T
E	K	E	S	█	S	P	A	R	A	B	L	E
W	I	R	E	█	S	A	T	█	T	E	L	E
N	E	S	S	█	R	Y	E	█	E	Y	A	S

Puzzle 65

T	A	T	E	■	G	E	M	■	S	C	A	B
A	B	E	L	■	U	N	I	■	T	H	O	R
R	E	A	D	I	E	S	T	■	E	R	N	E
O	T	T	E	R	S	■	E	S	P	I	E	D
■	■	R	O	S	E	■	U	P	S	■	■	■
P	I	L	S	N	E	R	■	B	E	T	E	L
E	L	I	■	I	D	E	A	S	■	E	R	A
T	E	L	I	C	■	C	L	E	A	N	E	D
■	O	D	A	■	T	I	R	L	■	■	■	■
M	A	N	I	L	A	■	E	V	A	D	E	D
A	R	G	O	■	G	E	N	E	R	A	T	E
N	E	W	T	■	I	V	E	■	U	L	N	A
U	S	E	S	■	N	E	E	■	M	E	A	L

Puzzle 66

D	O	U	X	■	M	P	H	■	C	A	B	S
U	R	S	A	■	O	H	O	■	A	B	L	E
A	C	E	N	T	R	I	C	■	B	R	E	W
L	A	S	T	E	D	■	K	E	B	A	B	S
■	■	■	H	E	A	T	■	L	I	D	■	■
M	A	D	O	N	N	A	■	D	E	A	L	T
A	I	R	■	A	T	T	A	R	■	N	A	E
S	L	A	N	G	■	E	V	I	C	T	E	D
■	■	G	E	E	■	R	I	T	E	■	■	■
S	A	L	A	R	Y	■	A	C	R	O	S	S
L	A	I	R	■	A	S	T	H	E	N	I	A
E	R	N	E	■	W	H	O	■	A	C	T	S
W	E	E	D	■	P	E	R	■	L	E	E	S

Puzzle 67

L	A	M	B	■	L	O	N	■	S	K	U	A
O	V	A	L	■	E	R	A	■	E	A	S	Y
C	E	L	I	B	A	C	Y	■	A	L	E	E
K	R	E	T	E	K	■	S	P	E	A	R	S
■	■	H	A	A	G	■	A	A	H	■	■	■
L	O	Z	E	N	G	E	■	T	R	A	S	H
E	W	E	■	B	E	A	C	H	■	R	I	O
A	L	P	H	A	■	R	E	E	D	I	N	G
■	■	P	A	L	■	S	A	T	E	■	■	■
S	E	E	M	L	Y	■	S	I	L	T	E	D
P	I	L	L	■	A	M	I	C	A	B	L	E
E	R	I	E	■	R	U	N	■	T	A	L	L
W	E	N	T	■	E	G	G	■	E	R	S	E

Puzzle 68

E	R	G	S	■	E	N	S	■	R	E	A	D
D	U	A	L	■	V	I	A	■	E	X	P	O
G	L	E	A	M	I	N	G	■	D	I	S	H
Y	E	L	L	E	D	■	A	M	U	S	E	S
■	■	■	O	D	E	R	■	A	C	T	■	■
S	T	A	M	I	N	A	■	R	E	E	L	S
A	I	L	■	A	T	T	A	R	■	N	E	E
M	E	A	N	T	■	I	D	I	O	T	I	C
■	■	R	O	E	■	O	R	A	L	■	■	■
I	N	M	O	S	T	■	E	G	E	S	T	A
D	A	I	S	■	A	N	N	E	A	L	E	D
E	R	S	E	■	P	E	A	■	T	A	L	A
A	C	T	S	■	S	O	L	■	E	V	E	R

Puzzle 69

```
J U N K  ■  G Y M  ■  A F R O
O G E E  ■  L E U  ■  L O I N
S L A N T I N G  ■  N U D E
H Y P N O S  ■  S T I L E S
■ ■  E T T E  ■  A C E  ■ ■
P S A L T E R  ■  N O D A L
A I M  ■  E N A C T  ■  U S A
S T A R R  ■  S E R A P H S
■  R O E  ■  E L U L  ■
P S E U D O  ■  S M I R K S
O I L S  ■  B R I S B A N E
E L L E  ■  I O U  ■  I L I A
T O E S  ■  E O S  ■  S E T S
```

Puzzle 70

```
O D E S  ■  J O T  ■  E P O S
W A A C  ■  O N O  ■  L O V E
E N C I P H E R  ■  A L E E
D E H O R N  ■  A P P E N D
■  N O D E  ■  A S S  ■
N E W S B O Y  ■  T E T R A
O R E  ■  A E R I E  ■  A I D
D E A L T  ■  I N N A R D S
■  R O E  ■  E A T S  ■
G L A S S Y  ■  N E S T L E
R O B S  ■  A C I D O S I S
I D L E  ■  W E T  ■  R A M P
T E E S  ■  S P Y  ■  T R A Y
```

Puzzle 71

```
M O O T  ■  M E N  ■  A H O Y
O M A R  ■  A M U  ■  N A M E
P E R A N N U M  ■  G R I N
E N S U E D  ■  B L O A T S
■  M O A N  ■  A R K  ■
P I C A N T E  ■  S A I G A
A D O  ■  A E G I S  ■  R E D
Y A C H T  ■  E N E M I E S
■  K E A  ■  V E T O  ■
H A L A L A  ■  P E R I L S
O D O R  ■  I N T R O M I T
R A F T  ■  D A L  ■  N A N A
A R T Y  ■  S T Y  ■  S M O G
```

Puzzle 72

```
F L E A  ■  E R S  ■  E B B S
R U M P  ■  C A T  ■  J A R L
E T I O L O G Y  ■  E R I E
T E R G A L  ■  E S C R O W
■  E P O S  ■  U T E  ■
F O R E I G N  ■  N A T T Y
A C E  ■  D Y I N G  ■  T I E
X H O S A  ■  T O L T E C S
■  P E R  ■  S T A R  ■
P A P A Y A  ■  A S I D E S
O B O L  ■  S U B S E R V E
E L S E  ■  I L L  ■  R E E L
T E E D  ■  A T E  ■  S E R F
```

Puzzle 73

```
B U Z Z ■ I V E ■ U T A H
E R I E ■ N A P ■ P E R E
N E P A L E S E ■ R O I L
E A S T E R ■ E P I C A L
■ ■ ■ I N T I ■ U S A ■ ■
L Y I N G I N ■ R E L E T
E E N ■ T A S K S ■ L O O
N A T C H ■ E L U D I N G
■ ■ A R E ■ T E A R ■ ■ ■
Y O G I N I ■ E N A M O R
A B L E ■ S A N T I A G O
C O I R ■ I L E ■ N I P A
K E O S ■ S E X ■ S L U M
```

Puzzle 74

```
E V E N ■ R O M ■ I T E M
Y E T I ■ O W E ■ M U T E
E R U P T I N G ■ P R O S
S T I P E S ■ A L U M N A
■ ■ E T T E ■ U T E ■ ■ ■
K I N D R E D ■ S E R O W
O L E ■ A R G O T ■ I C E
A L O N G ■ E A R A C H E
■ ■ N E O ■ S T O B ■ ■ ■
P R A W N S ■ C U B O I D
L A T E ■ E R A S A B L E
U R A L ■ L E K ■ C O I N
G E L S ■ F E E ■ Y E A S
```

Puzzle 75

```
W A L E ■ E K E ■ D R A T
E S A U ■ N O R ■ A E R O
N E C R O S I S ■ N A I L
T A K E I N ■ E P I C A L
■ ■ K N A R ■ R E T ■ ■ ■
S U M A T R A ■ E L A T E
A G E ■ M E L T S ■ N A N
P H A S E ■ E R E C T E D
■ ■ L E N ■ D E N Y ■ ■ ■
E S T A T E ■ A C C U S E
Y M I R ■ M O D E L L E D
R O M E ■ I L L ■ I N T I
A G E D ■ R E E ■ C A S T
```

Puzzle 76

```
C A S E ■ R O M ■ I C K Y
I R E S ■ O B I ■ N A N A
N E W S C A S T ■ S L I T
E A S E L S ■ E S T A T E
■ ■ N A T O ■ Y A M ■ ■ ■
C A P E R E D ■ S L I G O
U N I ■ E D I C T ■ N A P
R I C I N ■ S E E D E R S
■ ■ A R C ■ T A M E ■ ■ ■
T H R O E S ■ S I C K L E
S O O N ■ T R I C O L O R
A L O E ■ E E N ■ D A R N
R E N D ■ N E G ■ E N D S
```

Puzzle 77

S	A	R	I		F	I	G		I	L	I	A
H	O	A	R		A	C	E		C	O	N	K
U	N	L	I	M	B	E	R		A	N	T	I
T	E	E	T	E	R		M	A	R	G	I	N
			I	T	I	S		P	I	E		
T	R	I	S	E	C	T		P	A	R	D	I
W	E	N		O	S	I	E	R		O	D	D
O	T	T	E	R		C	L	I	E	N	T	S
	E	L	I		K	I	S	S				
L	E	G	A	C	Y		S	E	C	U	R	E
W	A	R	P		A	C	I	D	O	S	I	S
E	R	A	S		P	R	O		R	E	C	K
I	S	L	E		S	U	N		T	R	E	Y

Puzzle 78

P	A	L	E		C	E	P		T	B	A	R
O	B	I	E		H	O	E		R	A	V	E
P	E	E	R	L	E	S	S		I	S	I	S
E	D	D	I	E	D		O	F	F	I	S	H
			E	N	D	S		A	L	L		
C	Y	P	R	I	A	N		R	E	I	N	S
H	E	R		E	R	A	S	E		C	O	B
I	N	U	R	N		G	E	W	G	A	W	S
	D	O	C		S	E	E	R				
P	R	E	S	E	T		P	L	A	N	A	R
L	E	N	T		R	E	A	L	T	I	M	E
O	N	C	E		E	G	G		E	K	E	S
D	O	E	R		F	O	E		R	E	N	T

Puzzle 79

R	A	S	H		E	P	I		S	C	A	M
E	P	E	E		M	A	L		T	A	L	E
A	S	T	E	R	I	S	K		A	G	E	S
R	E	A	D	E	R		A	P	P	L	E	S
			E	G	A	D		E	L	I		
E	R	U	D	I	T	E		R	E	A	C	T
L	E	N		S	E	E	K	S		R	O	E
Y	E	A	S	T		D	R	O	N	I	N	G
		F	O	E		S	I	N	E			
P	A	R	U	R	E		S	A	U	C	E	D
L	E	A	N		K	O	H	L	R	A	B	I
A	R	I	D		E	R	N		O	D	O	R
N	O	D	S		S	E	A		N	E	N	E

Puzzle 80

B	A	W	L		J	I	B		M	I	K	E
O	B	O	E		A	C	E		E	M	I	T
S	L	O	P	P	I	E	R		A	M	E	N
H	E	S	T	I	A		G	E	N	E	V	A
			O	S	L	O		M	I	R		
A	E	O	N	I	A	N		P	E	S	T	S
D	A	N		F	I	S	H	Y		E	R	E
S	U	C	R	O		E	U	R	A	S	I	A
		E	A	R		T	R	E	T			
S	T	O	R	M	S		L	A	Y	M	A	N
M	O	V	E		T	A	I	L	P	I	P	E
I	D	E	S		U	R	N		I	L	I	A
T	O	R	T		N	E	G		C	L	A	P

Made in the USA
Columbia, SC
05 September 2024